La Felicidad empieza en tu Mente

Si este libro le ha interesado y desea que lo mantengamos
informado de nuestras publicaciones, puede escribirnos a
comunicacion@editorialsirio.com,
o bien registrarse en nuestra página web:
www.editorialsirio.com

Título original: HAPPINESS IS A STATE OF MIND
Traducido del inglés por Francesc Prims
Diseño de portada: Editorial Sirio, S.A.
Imagen de portada: ©Rebel - Fotolia.com

Publicado inicialmente en el Reino Unido en el año 2014 por Yellow Kite,
un sello de Hodder & Stoughton, una empresa de Hachette UK.

©   Drukpa Publications PVT Limited y Kate Adams

De acuerdo con el copyright, Designs and Patents Act 1988,
Drukpa Publications PVT Limited y Kate Adams deben ser
reconocidos como autores de esta obra.

©   de la presente edición
     EDITORIAL SIRIO, S.A.

EDITORIAL SIRIO, S.A.	NIRVANA LIBROS S.A. DE C.V.	ED. SIRIO ARGENTINA
C/ Rosa de los Vientos, 64	Camino a Minas, 501	C/ Paracas 59
Pol. Ind. El Viso	Bodega nº 8,	1275- Capital Federal
29006-Málaga	Col. Lomas de Becerra	Buenos Aires
España	Del.: Alvaro Obregón	(Argentina)
	México D.F., 01280	

www.editorialsirio.com
sirio@editorialsirio.com

I.S.B.N.: 978-84-16233-57-1
Depósito Legal: MA-668-2015

Impreso en Imagraf Impresores, S. A.
c/ Nabucco, 14 D - Pol. Alameda
29006 - Málaga

Impreso en España

Su Santidad
el Gyalwang Drukpa
con Kate Adams

La
Felicidad
empieza en
tu Mente

editorial Sirio

Este es un libro repleto de sensibilidad, elegancia y sabiduría. Disuelve las confusiones relativas a lo que significa ser verdaderamente feliz. Nos muestra los obstáculos que hacen que seamos unos extraños para nosotros mismos y nos ofrece una manera de cultivar una amplia bondad hacia dichos obstáculos que permite que se disuelvan por sí mismos. Nos guía a través de prácticas que nos ayudan a reconectar con la vida tal como es y no como querríamos que fuera. Estas prácticas también nos permiten redescubrir la paz profunda, inmensurable e indestructible que ha estado con nosotros todo el tiempo, oculta a nuestra vista. Es un libro maravilloso que se convertirá en un amigo de confianza y en un guía para todos quienes lo lean.

MARK WILLIAMS,
profesor emérito de Psicología Clínica,
Universidad de Oxford

Prefacio

Si vivimos sin agradecimiento, nuestra vida es como el plástico. No solo tenemos que eliminar los residuos no biodegradables de nuestro medioambiente externo; ¡también tenemos que borrarlos de nuestra mente! Este es el camino que lleva a la felicidad sostenible.

Su santidad el Gyalwang Drukpa

Su santidad el Gyalwang Drukpa es un activo ambientalista y educador, y es también el líder espiritual del Linaje Drukpa, una de las principales escuelas budistas del Himalaya, fundada por el gran santo indio Naropa (1016-1100 d. de C.). Así pues, esta escuela está ofreciendo su legado en la India desde hace mil años. Su santidad el Gyalwang Drukpa aplica la antigua sabiduría budista a la resolución de los problemas contemporáneos y tiene millones de seguidores en todo el mundo.

Uno de los principales puntos de interés de Su Santidad es la conservación del medioambiente y la educación al respecto, lo cual es una manera de llevar a la acción el principio budista fundamental de que todos los seres están

9

interconectados y son interdependientes. Su misión es la de promover la armonía y la paz interior mediante la integración de los principios espirituales del amor y el agradecimiento en la vida diaria. Su trabajo también incluye el fomento de la igualdad de género y el establecimiento de instituciones educativas, clínicas y centros de meditación, así como la reconstrucción de enclaves patrimoniales en la región del Himalaya. Es el fundador y director espiritual de la premiada Escuela Druk del Loto Blanco en Ladakh (India), la cual proporciona a sus estudiantes una educación moderna a la vez que conserva su cultura local.

Su Santidad hace hincapié en que todos podemos tener un impacto positivo muy importante en nuestras comunidades; se trata de que pongamos la compasión en acción. En reconocimiento a sus actividades, el Gyalwang Drukpa fue condecorado por su labor en pro de los Objetivos del Desarrollo de las Naciones Unidas y recibió el Premio Héroe Verde de 2010, presentado por el presidente de la India.

Históricamente, las mujeres del Himalaya han luchado para recibir el mismo trato que los hombres, y a veces han sido condenadas al ostracismo por el solo hecho de andar en la búsqueda de una práctica espiritual. El Gyalwang Drukpa está trabajando para cambiar esta situación y ha creado el monasterio de mujeres Druk Gawa Khilwa. Se trata de una abadía actual y ecológica ubicada a las afueras de Katmandú (Nepal) y que cuenta con una abadía satélite en Ladakh (India). Allí, las mujeres reciben una educación moderna, así como una formación espiritual que históricamente había sido exclusiva para los hombres. En un esfuerzo para que adquieran mayor confianza en sí mismas, el Gyalwang Drukpa también las ha autorizado a aprender kung-fu, formación que se había hallado fuera del alcance de las mujeres durante dos siglos. Estas monjas están obteniendo reconocimiento mundial por su dominio del kung-fu. La BBC las dio a conocer por medio de un documental; también han realizado exhibiciones en el Parque Olímpico de Londres y en la sede del CERN, en Ginebra.

El Gyalwang Drukpa se dirige regularmente a la comunidad internacional para dar mensajes sobre temas de actualidad, como la protección del medioambiente, la igualdad de género y la tolerancia religiosa. En septiembre de 2012 asistió a la semana de las Naciones Unidas en Nueva York, donde habló en el Foro de las Mujeres de las Naciones Unidas, asistió a reuniones de alto nivel sobre Oriente Medio y visitó el Foro de las Mujeres Unidas, donde hablaron también otros destacados ponentes, como Cherie Blair, Geena Davis y su alteza real la Princesa Basmah bint Saud.

El Gyalwang Drukpa colabora con prestigiosos organismos internacionales para promover el mensaje de la compasión activa. Incluso ha visitado el CERN, en Suiza, junto con varias de sus monjas expertas en kung-fu para hablar de la aparente tensión entre la religión y la ciencia en la sociedad actual, así como de los progresos en cuanto a la igualdad de género. También se ha reunido con varias secciones de las Naciones Unidas, incluida la Organización Mundial de la Salud, para hablar, entre otras cosas, sobre una posible cooperación para mejorar la salud en todo el planeta.

En su esfuerzo por utilizar métodos budistas para resolver los problemas cotidianos modernos, el Gyalwang Drukpa fundó en 2007 el movimiento humanitario mundial

Vivir para Amar, un consorcio internacional de organizaciones laicas sin ánimo de lucro que trabajan juntas en pos de cinco objetivos: la educación, la protección del medioambiente, los servicios sanitarios, la ayuda humanitaria y la conservación de la cultura.

Además de estos objetivos formales, Vivir para Amar tiene la esperanza de inspirar a la gente para que integre actos de amor —pequeños y grandes— en sus vidas cotidianas.

La región del Himalaya es conocida como *el tercer polo* (además del Polo Norte y el Polo Sur), desde el momento en que suministra agua a casi la mitad de la población mundial. Sin embargo, esta zona se está viendo muy afectada por el calentamiento global. Vivir para Amar patrocina unos proyectos únicos, famosos en todo el mundo, destinados a proteger este frágil ecosistema. Por ejemplo, cada año, organiza el Eco Pad Yatra (*pad* significa 'pie' y *yatra*, 'viajar', de modo que *padyatra* quiere decir 'viajar a pie'), que consiste en una caminata en la que cientos de voluntarios recorren cientos de kilómetros recogiendo residuos de plástico. Vivir para Amar también planta, literalmente, decenas de miles de árboles en la región, los cuales limpian el aire de toxinas y estabilizan el suelo. En septiembre de 2013, durante la semana de las Naciones Unidas, el Gyalwang Drukpa fue bautizado como *El Guardián del Himalaya* por parte de la Alianza Waterkeeper, fundada en 1999 por el abogado ambientalista Robert F. Kennedy Jr. y varias organizaciones protectoras del agua.

En el año 2010, el Gyalwang Drukpa puso en marcha una iniciativa para plantar un millón de árboles en Ladakh, como parte de la campaña Un Millón de Árboles iniciada por Wangari Maathaï, ganador del Premio Nobel de la Paz en 2004. Como parte de esta iniciativa, el Gyalwang Drukpa condujo a los voluntarios de Vivir para Amar a romper por dos veces el récord Guinness mundial de la cantidad de árboles plantados de una sola vez. En fechas más recientes, en octubre de 2012, unos nueve mil ochocientos voluntarios plantaron cerca de cien mil árboles, protegiendo así varios pueblos de las avalanchas de lodo y favoreciendo la limpieza del aire contaminado.

Los habitantes de Ladakh conservan un estilo de vida basado en el budismo que es único. Pero con el avance de la modernización están perdiendo su cultura indígena y teniendo dificultades para competir en el contexto de la nueva economía. La escuela Druk del Loto Blanco busca facilitar a sus mil estudiantes una educación moderna a la vez que les inculca el respeto por la cultura indígena única de esta región. El plan de estudios incluye cursos de inglés y de manejo del ordenador, y también se enseñan el idioma y el arte locales. Esta singular escuela ha ganado varios premios por su diseño sostenible, incluidos tres premios mundiales de arquitectura y el Premio al Diseño Inspirador que otorga el Consejo Británico para Entornos Escolares. Además, ha sido el tema de un aclamado documental de la PBS (la cadena estadounidense de televisión pública), narrado por Brad Pitt, y ha sido presentada en la película *3 idiotas*, producida en Bollywood y protagonizada por Aamir Khan, la cual fue un éxito de taquilla.

Muchas comunidades remotas del Himalaya carecen de los servicios médicos básicos. La clínica Druk del Loto Blanco, de creación reciente, se encuentra en la montaña Amitabha Druk, en las afueras de Katmandú, y proporciona asistencia médica asidua a la comunidad que vive en la montaña. Bajo la orientación del Gyalwang Drukpa, Vivir para Amar también organiza clínicas temporales en Ladakh, por ejemplo una clínica oftalmológica anual en la que los médicos sustituyen las córneas de personas que han perdido la vista debido a alguna enfermedad. Por medio de una intervención quirúrgica relativamente sencilla, pacientes que estaban ciegos ahora pueden ver. Además, Vivir para Amar forma a *amchis* (practicantes de la medicina tradicional del Himalaya) para que brinden atención médica básica a comunidades muy remotas y conecten con los médicos alópatas para tratar enfermedades más graves.

En tiempos recientes, una repentina inundación, debida a un aguacero inesperado, devastó Ladakh; centenares de personas murieron y miles se quedaron sin hogar. Voluntarios de Vivir para Amar, tanto locales como de procedencia internacional, distribuyeron recursos entre las personas necesitadas. Proporcionaron casi trescientas unidades de bombonas de gas y cocinas a familias desplazadas en sustitución de los fogones de queroseno portátiles, más peligrosos. Asimismo, la escuela Druk del Loto Blanco acogió a niños que se habían quedado sin hogar debido a la inundación. A la luz de este desastre, Vivir para Amar tiene el objetivo de formar a voluntarios locales del Himalaya como expertos en operaciones de socorro en casos de desastre en los próximos años, con el fin de que puedan ofrecer una respuesta rápida y efectiva en el futuro. El Gyalwang Drukpa visitó personalmente, a pie, cincuenta aldeas remotas afectadas por la inundación.

La cultura y el arte de Ladakh son principalmente budistas. Como se encuentra a lo largo de la Ruta de la Seda, muchas de sus localidades presentan ejemplos poco comunes de los estilos de arte budistas *gandhara* y *bamiyán*, que sintetizan elementos bizantinos, grecorromanos, escitopartos e indios. La mayoría de las muestras de estos estilos de arte han sido destruidas en Afganistán y Pakistán. Siguiendo las instrucciones del Gyalwang Drukpa, Vivir para Amar trata de conservar este arte. Además, se está comenzando una iniciativa para archivar digitalmente grabados, manuscritos y textos hallados en edificios comunitarios y en casas que reflejan la cultura y la historia de Ladakh y permiten hacer su crónica.

Además de sus obras, que he esbozado, su santidad el Gyalwang Drukpa ocupa un lugar en el Comité de Selección de los Premios Tierra, junto con Jane Goodall, Richard Branson y Diana Von Furstenberg. Encabezado por el príncipe Carlos del Reino Unido, el Comité de Selección de los Premios Tierra identifica y premia innovaciones viables que mejoran la calidad de la vida.

Su santidad el Gyalwang Drukpa es asimismo un ávido escritor. Todos sus mensajes los escribe en su página web personal.

La felicidad no debe valorarse como si de una posesión más se tratara. Es una cualidad del pensamiento, un estado de la mente.

DAPHNE DU MAURIER,
REBECA

Introducción

No existe un camino hacia la felicidad.
La felicidad es el camino.

EL BUDA

I magina una vida libre de comparaciones, una vida con la que te sientes completamente a gusto. Imagina que no quieres nada más. La felicidad no es tu derecho: es tu naturaleza y tu esencia; está en el corazón mismo de tu ser. Si quieres ser feliz, no te costará ni un céntimo, porque ya dispones de todo lo que necesitas para lograrlo ahora mismo. Ahora bien, puede ser que estés experimentando los obstáculos que se hallan entre tú y tu felicidad; a causa de ellos, es posible que no te hayas dado cuenta de que la felicidad ha estado siempre contigo, a lo largo de todo tu camino.

Hay muchas cosas en la vida que están más allá de tu control: no puedes predecir el futuro, no puedes hacer que una persona te ame, perderás a seres queridos... Pero puedes decidir qué tipo de persona quieres ser y tienes la libertad de pensar por ti mismo, aunque no siempre lo parezca. Creas tu mundo con tu mente; es con ella con lo que creas tanto tu felicidad como tu sufrimiento. En este preciso momento puede ser que sientas como si tu mente y tus emociones te controlaran, en lugar de ser al revés. Por medio de un poco de entrenamiento y práctica, así como puedes poner tu cuerpo más en forma, también puedes tener una mente más fuerte y calmada. Esto permitirá que tu mente se asiente, lo cual te dejará ver que tu verdadera naturaleza, es decir, tu felicidad, brilla desde dentro.

Ahora mismo, solamente tienes que estar dispuesto a soltar tu lucha habitual y a dejar que las cosas caigan en el lugar correcto. Es hora de que actúes desde el corazón. Ha llegado el momento de que dejes de preocuparte por todo aquello que percibes que va mal en ti o en tu vida y que aprecies todo lo bueno que hay en tu mundo. A todos se nos tiene que recordar, una y otra vez, lo preciosa que es nuestra vida, y que depende de nosotros lo que hagamos de ella. Como el Buda dijo muchas veces: «Tienes que andar el camino por ti mismo. Todo está totalmente en tus manos». Cree y confía en ti mismo para permitir que haya un poco más de espacio en tu vida para la felicidad.

Primera parte

¿QUÉ ES LA FELICIDAD?

La vida no consiste en esperar que pase la tormenta.
Consiste en aprender a bailar bajo la lluvia.

VIVIAN GREENE

¿Qué es la felicidad para ti? ¿Qué aspecto tiene? ¿Cómo la sientes? ¿Es quizá comer un helado en un día soleado o ir de la mano con la persona que amas? ¿O bien consiste en tener mucho éxito en el trabajo y ganarte la admiración de los demás, o en poder obtener cosas materiales? ¿Se trata de una experiencia —un instante efímero a partir de lo que ha experimentado alguno de tus cinco sentidos— o bien sientes que es una especie de espejismo, es decir, que es esquiva, que cuando te acercas a ella parece estar en realidad fuera de tu alcance? ¿O acaso la felicidad podría ser tal vez algo más profundo, más significativo, algo que podría infundir gozo y alegría a toda tu vida y a tu forma de ser? ¿Podría crear una base de fuerza, positividad y bondad a partir de la cual puedas vivir tus días? ¿Podrías llevarla a tus elecciones, palabras y acciones a medida que recorres el sendero de tu vida? ¿Podría ser la felicidad la razón por la que las cosas ocurren, en lugar de ser solo el resultado final?

La vida puede parecer muy complicada, llena de decisiones difíciles, expectativas y presiones. Pero cada día, en el fondo, todos y cada uno de nosotros tenemos la esperanza de ser felices y vernos libres del dolor, tanto aquí en este momento como en nuestra vida concebida como un todo. Queremos vernos libres de la molesta sensación de que «todavía» no es el momento de ser felices, de la sensación de que si podemos conseguir que todas las condiciones de nuestra vida sean las que queremos, podremos obtener finalmente la felicidad. Deseamos sentirnos bien y relajados, no notar ese nerviosismo subyacente o ese sentimiento de que, de alguna manera, las cosas no están del todo bien. Tenemos la sensación de que la felicidad podría alcanzarnos si pudiésemos parar de correr; sin embargo, no podemos evitar preocuparnos por el hecho de que si permanecemos quietos por un momento tal vez no sepamos qué hacer con nosotros mismos.

¿Por qué parece que nos encontramos con tantos obstáculos en el camino hacia la felicidad? Y, al fin y al cabo, ¿no es la felicidad solamente un lujo, no es egoísta el solo hecho de pensar en ella?

No creo que tenga que convencerte de que la felicidad importa. Solo tengo que pedirte que mires dentro de tu corazón. La felicidad es realmente algo maravilloso, porque la felicidad de una persona tiene el potencial de hacer que otra persona sea feliz, y cuantas más personas sean felices más oportunidades tenemos de hacer del mundo un lugar mejor. La felicidad afecta a todos los aspectos de nuestras vidas: es beneficiosa para nuestro trabajo, nos ayuda a estar más sanos, ocasiona que nuestro amor por las personas cercanas sea más profundo, logra que velemos más por nuestro medioambiente y hace de nosotros personas más bondadosas y solidarias.

Todo esto son «bonificaciones» adicionales que vienen con la felicidad. La felicidad en sí es beneficiosa por el hecho de que hace que nos hallemos más cerca de nuestra naturaleza interior, lo que tiene lugar cuando retiramos todas las capas de nuestras opiniones, orgullos, autocríticas, expectativas, esperanzas y temores que hemos ido acumulando con el tiempo. Todas las herramientas que se ofrecen más adelante en el libro ayudan a cultivar un estado mental de felicidad y se pueden aplicar a todos los aspectos de nuestras vidas, desde la posibilidad de ver las situaciones desde otro punto de vista hasta liberar la mente de la comparación o la queja.

Y lo mejor de todo es que tú eres tu propio jefe en lo que se refiere a tu felicidad, por más que puedas pensar que son otras personas las que mueven los hilos. Puede ser que requiera un poco de práctica, pero cuando te das cuenta de la verdadera fuente de tu felicidad, puedes llegar a ser un gran amigo suyo y compartirla con quienes te rodean. Puede convertirse en el catalizador de un gran cambio, un gran amor y una gran bondad.

1

La felicidad es tu naturaleza

*La naturaleza jamás traicionó
al corazón que la amaba.*

WILLIAM WORDSWORTH

Crear felicidad no es como preparar una receta culinaria. Cuando la gente te dice cosas como «¡sé positivo!», esto no hace más que añadir otra expectativa o presión sobre ti. Pero, en realidad, la felicidad ya está ahí. Y lo mejor que puedes hacer es darte cuenta de que está presente; puedes fomentarla y alimentarla con tu mente y, a continuación, con tus acciones. Entonces, la felicidad florece. El estado natural de la mente es la claridad y la luminosidad. Por lo tanto, si te implicas en el proceso de desarrollarla, serás capaz de ver como nunca has visto antes.

La verdadera naturaleza con la que naciste es muy hermosa y llena de amor. La felicidad es tu naturaleza. No necesitas perseguirla y no tienes que preocuparte por que alguien pueda quitártela. Basta con que te des cuenta de que está ahí, en tu corazón, siempre. A veces permanece oculta o tapada, de modo que no puedes verla, pero continúa estando ahí, tanto si llueve como si hace sol.

Algunos filósofos han descrito la felicidad como un momento fugaz, una sensación que solo puede acudir a nosotros de vez en cuando —de lo contrario, no nos daríamos cuenta de cuánto nos gusta—. En cierto modo esto tiene sentido, porque nosotros, los seres humanos, tenemos mucho talento a la hora de poner obstáculos entre nosotros y nuestra felicidad, de modo que solo la vislumbramos bajo la turbulenta superficie de nuestras mentes. Esta superficie está llena de pensamientos que se suceden a toda prisa: preocupaciones acerca de la vida, acerca del tipo de persona que somos, acerca de lo que otros piensan de nosotros y acerca de por qué las otras personas son siempre tan difíciles. Pero podemos practicar abrir nuestros corazones y nuestras mentes y permitir que estos vislumbres se vuelvan más amplios e impregnen más nuestras vidas diarias.

La felicidad es placer, por supuesto. Desde comer un trozo de chocolate hasta hacer lo que nunca habíamos creído posible: estos son los momentos fugaces de la felicidad. Sin embargo, aquello que realmente nos interesa es en desarrollar una sensación de felicidad continua y maravillosa, que emane de nuestro interior. Esta felicidad es nuestra fuente de inspiración y motivación; es nuestro amor y nuestra compasión, nuestro esfuerzo gozoso y nuestra generosidad.

Todo lo que somos es el resultado de lo que hemos pensado; se fundamenta en nuestros pensamientos y está hecho de nuestros pensamientos. Si un hombre habla de actos con un buen pensamiento, la felicidad le sigue como una sombra que nunca lo abandona.

DHAMMAPADA

A menudo decimos que la vida es algo excepcional y precioso. ¿Por qué dejamos entonces que las oportunidades se nos escurran entre los dedos? Yo aconsejo a mis amigos y estudiantes que sean inteligentes, que aprovechen cada ocasión de mejorarse a sí mismos y no busquen excusas para dejar pasarla. Es fácil caer en el hábito de mantenerse muy ocupado con banalidades, de modo que se pierdan las oportunidades que se encuentran justo delante. Pero te animo a asir dichas oportunidades. Sé que esto no es siempre fácil —a veces tengo que recordarme a mí mismo mi propio consejo—, pero si cultivas y cuidas tu mente, ella cuidará de ti y velará por tu felicidad en esta vida.

Tu sentido de la felicidad ahora mismo, en este momento, está por supuesto determinado por tus experiencias vitales: cómo te está yendo el día, cómo te sientes en relación con la persona que eres y con el camino que estás transitando. Pero ¿por qué no aprovechas esta oportunidad para cambiar las cosas? Date cuenta de que la felicidad puede nutrir tu vida, la manera en que transcurre tu día e incluso quién eres. Educa tu mente para que deje de aferrarse a las preocupaciones, a los miedos, a las presiones para tener éxito, a los resentimientos o a los remordimientos, y en vez de eso mira con amor y generosidad; abraza el potencial de la incertidumbre y deja que los demás sean ellos mismos, y encuentra tu inspiración. Suelta las condiciones que puedes haber estado poniendo a la felicidad hasta este momento. Porque depende de ti que te pongas o no condiciones a ti mismo y que se las pongas a tu felicidad, a tu amor, a tu generosidad y a tu bondad. No necesitas una razón para ser feliz. Tanto si afrontas un día desafiante como te sientes creativo, perezoso o triste, en esencia puede ser un día feliz.

LOS BENEFICIOS DE LA FELICIDAD

Echemos un vistazo a algunos de los beneficios de la felicidad:

> - Nos volvemos personas más bondadosas.
> - Nos gusta más la gente.
> - Somos más amables, compasivos y generosos.
> - Tenemos más amor en nuestras vidas.
> - Nuestros cuerpos están más sanos.
> - Disfrutamos de una mayor claridad.
> - Abrazamos nuestros miedos e incertidumbres.
> - Obtenemos una mayor satisfacción de nuestro trabajo.
> - Aprendemos de nuestras etapas o momentos de sufrimiento y los aprovechamos para crecer.
> - Aprendemos a no tomarnos demasiado en serio a nosotros mismos.
> - Nos sentimos equilibrados y cómodos en nuestra propia piel.
> - Florecemos.
> - Ayudamos a otros a florecer.
> - Ayudamos al mundo a florecer.

A continuación, veamos cada uno de estos aspectos con mayor detalle.

Nos volvemos personas más bondadosas

La sonrisa se contagia. El gozo irradia. Esto resulta atractivo para todas las demás personas que se hallen en ese lugar. Podemos tener un buen pensamiento sobre alguien o hablarle con una sonrisa en el corazón. Cuando somos felices, nos sentimos mejor con nosotros mismos y, a su vez, esto significa que nos resulta más fácil sentirnos mejor con los demás, de modo que podemos infundir compasión a nuestras interacciones con las otras personas. La bondad es una maravillosa calle de dos sentidos: como tantas cosas buenas, cuanto más la damos más crece en nuestro interior, nutriendo nuestra felicidad, como el agua que usamos para regar las flores.

Nos gusta más la gente

Nos sentimos mucho mejor si nos gusta la gente que si nos vemos alterados o perturbados por ella. Cuando no te sientes muy bien contigo mismo o con tu vida, es fácil que veas a quienes te rodean desde esta misma perspectiva negativa. Pero con una mente feliz ves lo bueno de las personas. Un día, por ejemplo, estás cansado y malhumorado y es como si tu pareja no supiese hacer nada bien, y al día siguiente ves a esa misma persona con unos ojos completamente distintos. Es nuestra propia mente, nuestra propia felicidad —o la ausencia de ella—, la que determina cómo vemos el mundo que nos rodea.

Somos más amables, compasivos y generosos

Acaso nos preocupe la posibilidad de que la felicidad sea algo egoísta y nos haga centrarnos demasiado en nosotros mismos como individuos, pero las personas que eligen la felicidad, especialmente la que consiste en una satisfacción profunda, a menudo son las que tienen los comportamientos menos egoístas. Después de todo, si estamos enfadados o alterados, ¿le daremos nuestra calderilla a ese hombre que mendiga en la calle? La gente feliz se permite ocuparse profundamente de los demás y de su felicidad; tiene la fuerza que requiere ponerse en la piel de los otros. Cuando dejamos espacio para la felicidad en nuestras mentes y en nuestras vidas, somos capaces de ver las situaciones desde todos los distintos ángulos, en vez de aferrarnos a una visión rígida de cómo debería ser el mundo o nuestra vida. Esto nos hace pacientes y tolerantes con los puntos de vista alternativos, de modo que es más difícil que lleguemos a irritarnos o enfadarnos. Les damos un respiro a los demás, en lugar de empequeñecer nuestra mente y nuestro corazón a raíz de cosas sin importancia.

Tenemos más amor en nuestras vidas

Un triste efecto de la infelicidad es la soledad, la cual, a su vez, alimenta una mayor infelicidad. Incluso podemos tener tendencia a creer que no se nos puede amar —o, sencillamente, que nunca vamos a encontrar el amor—. El problema es que esa clase de creencias erigen barreras entre nosotros y el amor. Nuestras creencias crean nuestras experiencias y esas experiencias refuerzan después nuestras creencias, con lo que se genera un círculo de sufrimiento mental innecesario. Inversamente, un maravilloso efecto secundario de la felicidad es que si damos bondad y compasión, veremos cómo estas regresan a nosotros. Cuando nos permitimos sentir amor por los demás, mantenemos levantadas las barreras que podrían haber impedido que el amor acudiese a nuestras vidas. En el caso de algunas personas en particular, puede ser que necesiten centrarse en ser bondadosas consigo mismas, con el fin de llegar a creer que merecen el amor, con lo cual serán después capaces de recibir también el amor de los demás.

Nuestros cuerpos están más sanos

La felicidad es buena para el corazón; es el mejor antídoto para el estrés y nos estimula a cuidar un poco más nuestros valiosos organismos. Nos proporciona una sensación de energía y vitalidad, de modo que nuestros cuerpos se pueden sentir más fuertes y nuestras mentes más calmadas. En cambio, cuando la mente es infeliz, el cuerpo se siente cansado y perezoso; por ejemplo, nos cuesta levantarnos por la mañana. Incluso cuando nuestro cuerpo se pone enfermo, la mente feliz es capaz de aliviar la cantidad de sufrimiento que experimentamos.

Todo está interconectado y, del mismo modo, cuidar nuestros cuerpos constituye un gran apoyo para la mente. En nuestro convento de monjas de Nepal, Druk Amitabha Mountain, se enseña y practica kung-fu cada mañana. No está solamente pensado para tener una buena forma física, sino también para reforzar la confianza y autoestima de las monjas. Centrarse en unos movimientos muy específicos del cuerpo también es un entrenamiento para la mente. Ocurre lo mismo con el yoga: constituye una meditación para el cuerpo. De modo que si, por ejemplo, un día te hallas practicando yoga y tienes que esforzarte mucho para mantener el equilibrio, esto seguramente significará que tu mente ha perdido también un poco el equilibrio.

Disfrutamos de una mayor claridad

Cuando la mente es feliz, es como un océano cuya superficie está en calma. Las olas y la arena que oscurecían el agua se han detenido, de modo que podemos ver el fondo. Y así como nuestros océanos contienen esos arrecifes coralinos tan increíbles, en nuestra mente también habita una belleza que no éramos capaces de imaginar. Y ahora tenemos la oportunidad de observarnos y de ver nuestras vidas desde este estado pacífico de la mente, de manera que podemos llegar a saber quiénes somos y quiénes nos gustaría ser. No hay errores ni aciertos absolutos, sino que somos capaces de mirar dentro de nuestros corazones y encontrar la aspiración y la motivación que precisamos para emprender la acción.

Abrazamos nuestros miedos y nuestras incertidumbres

Cuando conservamos un estado general de optimismo, no vivimos con temor a la incertidumbre. No necesitamos saber exactamente qué ocurrirá mañana o incluso hoy, porque nos sentimos bien en nosotros mismos y somos conscientes de que con la incertidumbre pueden surgir oportunidades emocionantes de una manera espontánea. Sentirnos cómodos con la incertidumbre y aceptarla es una de las mejores maneras en que podemos fomentar la felicidad. Cuando tenemos esta flexibilidad en la mente, es mucho menos probable que podamos experimentar desengaños, sea en relación con los demás, con las situaciones que se nos presentan o con nosotros mismos. No exigimos que las cosas sean de una determinada manera con el fin de poder ser felices: fluimos con la corriente, y nos facilitamos el camino rodeando los obstáculos, en vez de quedar atrapados en ellos.

Obtenemos una mayor satisfacción de nuestro trabajo

Sentirnos felices con nuestro trabajo es uno de los grandes regalos de la vida. Pasamos una gran cantidad de tiempo con actividades que etiquetamos como *trabajo* y tendemos a creer que si tenemos éxito en él, obtendremos la felicidad. Pero en realidad el éxito proviene de un estado mental feliz, y no al contrario. Uno de mis principales objetivos con este libro es liberar la mente de todas las condiciones que le ponemos a la felicidad, liberarla de la idea de que seremos felices *si ocurre esto*, o *cuando hayamos conseguido eso*. Cuando somos felices, estamos presentes en el momento; fluimos con la vida. Y lo mismo es cierto en relación con nuestro trabajo: cuando nos abandonamos a la pura concentración, experimentamos una sensación maravillosa. Cuando interactuamos con los demás por medio del trabajo y aprendemos, enseñamos, ayudamos o inspiramos, establecemos grandes conexiones y enriquecemos nuestras mentes y nuestras vidas.

Aprendemos de nuestras etapas o momentos de sufrimiento y los aprovechamos para crecer

Para algunos la felicidad tiene la reputación de ser algo poco realista; para esas personas consiste en tapar grietas que en realidad son muy difíciles y dolorosas. Por eso es tan importante que tomemos conciencia de *todas* nuestras emociones, tanto las positivas como las negativas, y las miremos honestamente a la cara, en lugar de intentar ignorarlas. Si no nos permitimos comprender nuestro sufrimiento, el tipo de felicidad que experimentaremos será superficial; será como la tirita que cubre la herida pero no la sana.

Tal vez haya quien se pregunte qué puede saber alguien de mi posición sobre el dolor y el sufrimiento. ¿Cómo puede un monje que está sentado en una montaña o en una cueva comprender algo de lo que está aconteciendo en el mundo real? Yo valoro cada día que he vivido, pero no puedo decir que haya estado sonriendo feliz en todo momento. Apenas tenía cuatro años de edad cuando me fui a vivir con los monjes. No veía a mis padres durante largos períodos de tiempo y no siempre era muy buen estudiante; algunas veces me pegaron, y me preocupaba mucho no ser lo suficientemente bueno como para ser la persona que todo el mundo decía que era. He perdido a algunos de mis queridos gurús y a día de hoy tengo la responsabilidad más alta: estoy al cargo de cientos de monasterios, conventos y escuelas del Himalaya. Digo todo esto para mostrar que efectivamente he tenido días dolorosos y me he sentido agobiado. Pero todos estos momentos de tristeza o de hallarme desplazado del profundo contacto conmigo mismo han constituido también regalos que han fomentado mi felicidad. Estas situaciones han fortalecido mi aprecio por la vida, me han recordado mi propósito y han insuflado energía a mi trabajo. Por más que hayan sido dolorosas, han constituido también lecciones incalculables.

Aprendemos a no tomarnos demasiado en serio a nosotros mismos

A veces pienso que la gente puede no tomarme muy en serio como monje desde el momento en que se me oye reír a menudo como nadie. Es útil que experimentemos todas nuestras emociones en profundidad, pero también es bueno, ocasionalmente, que dejemos de ser tan serios, en especial con nosotros mismos. Ser capaces de reírnos de nuestros propios errores y percances significa que no estamos atormentados por el bochorno o la preocupación por lo que los demás puedan pensar de nosotros. Esto nos da la libertad de proporcionar alegría a los demás, en lugar de ser presas de la irritabilidad o el cinismo.

Nos sentimos equilibrados y cómodos en nuestra propia piel

Con la felicidad vienen la satisfacción y la paz. Sé que en las sociedades modernas a mucha gente se le enseña que la satisfacción no es suficiente cuando se trata de alcanzar el éxito: cuando una meta se ha logrado, se debe encontrar otra mayor, más alta. Para algunos, lo divertido es luchar, de modo que a menudo sienten un anticlímax una vez que han conseguido su objetivo, y se detienen solo por un momento antes de ver cuál es el próximo reto. Esta es una manera de vivir bastante estresante: ¿por qué andar siempre buscando la felicidad tras la próxima esquina cuando en realidad siempre ha estado a nuestro lado, todo el rato? Es posible sentirnos relajados y amables con nuestra propia naturaleza, es posible que nos permitamos sentirnos felices a la vez que estamos muy activos y hacemos un buen negocio. En este caso, en lugar de correr de una experiencia a otra o de un logro al siguiente, nos damos tiempo para apreciar cada momento del día y abrazar todas nuestras emociones cuando surgen, sin miedos ni juicios.

Florecemos

Ser feliz es prosperar en la vida, en vez de limitarnos a sobrevivir, y un estado mental feliz puede mostrarnos el camino hacia una vida que florece con significado y propósito. ¡Menudo don tenemos al ser capaces de experimentar felicidad! ¡Menudo regalo el hecho de que tantos de nosotros no tenemos que preocuparnos por la supervivencia en el día a día y podemos por lo tanto enfocar más nuestros esfuerzos en hacer del mundo un lugar mejor y más feliz para todos! Cuando nos damos permiso para ser felices, nos concentramos en aquello que hacemos bien en lugar de preocuparnos por nuestras imperfecciones. Nos liberamos de la carga de la comparación constante, de la culpa por no ser de alguna manera lo bastante buenos o atractivos, o por no tener el éxito suficiente. Liberamos gran parte de nuestro tiempo y fuerza mental. No tenemos miedo de compartir nuestra felicidad, nuestro amor y nuestra compasión, ni somos demasiado tímidos para hacerlo. Nos abrimos a las posibilidades y a la belleza del mundo y florecemos.

Ayudamos a otros a florecer

Este es uno de los grandes beneficios de la felicidad. La felicidad por una parte nos ayuda a florecer en nuestras propias vidas, pero cuando la compartimos vamos un paso más allá y ayudamos a que las vidas de otras personas sean también mejores. Por poner un ejemplo sencillo, piensa en la enfermera que es feliz con su vida y con su trabajo: muestra auténtica compasión hacia sus pacientes y hace que su día sea mejor, aunque sientan dolor. Su sonrisa y su cuidado marcan tal vez toda la diferencia, no solo para sus pacientes, sino también para las familias de estos, lo cual constituye incluso una ayuda en el proceso de curación. Un poco de felicidad compartida llega muy lejos.

Ayudamos al mundo a florecer

Cuando nos sentimos bien con nosotros mismos y con nuestras vidas, *hacemos el bien.* No solo nos mostramos más amorosos con las personas más cercanas sino que hacemos todo lo posible para contribuir a que el mundo sea un lugar mejor, no importa la manera en que lo hagamos —no importa si se trata de algo grande o pequeño, porque todo cuenta—. Por medio de hacer todo lo que podemos para cuidar de nuestras mentes y desarrollarnos, ayudamos, a la vez, a traer un poco más de paz al mundo. Incluso diría que los mayores de todos los héroes son los pacificadores. Así pues, nunca temas que dejar tu felicidad al descubierto sea algo egoísta, porque es *con* tu felicidad con lo que podrás cuidar mejor de los demás. Es también gracias a tu felicidad como apreciarás este hermoso mundo que nos da la vida y como lucharás para cuidar mejor de la madre naturaleza.

¿ERES FELIZ HOY? ¿ERES FELIZ CON TU VIDA?

> *La mayoría de las personas son tan felices como preparan a sus mentes para serlo.*
>
> ABRAHAM LINCOLN

Para que puedas comprender mejor cómo funciona la mente, para que puedas ver que la mente es la creadora de todo, es útil que consideres lo que significan la felicidad y el sufrimiento para ti, y cómo te sientes en relación con tu vida y tus interacciones con el mundo.

¿Qué queremos decir cuando afirmamos que *la felicidad es un estado mental*? ¿Podemos decidir realmente ser felices? ¿Cómo es posible si la felicidad depende de nuestras circunstancias, algunas de las cuales escaparán siempre a nuestro control?

Es cierto que las condiciones externas de nuestras vidas escapan a nuestro control, pero sean cuales sean nuestras circunstancias siempre podemos elegir cómo reaccionar ante ellas. También podemos decidir cada día qué clase de persona queremos ser y trabajar con nuestras mentes para ello. Parece simple. Entonces, podemos preguntarnos por qué los seres humanos han tenido siempre tantos problemas con la felicidad, de modo que se han escrito muchos libros al respecto a lo largo de las distintas épocas. ¿Por qué han dedicado tanto tiempo los grandes filósofos a pensar sobre ella? Es que las cosas simples no son necesariamente sencillas. Nuestras mentes son muy complejas e increíblemente poderosas, pero este poder contiene también la posibilidad de incurrir en malas comprensiones y en el fomento del ego. De modo que con el fin de que seamos capaces de elegir permitirnos ser felices, existen muchas herramientas que nos ayudan a cuidar de nuestras mentes y que permiten que nuestra felicidad florezca. Es como el tronco y las ramas de un árbol: si cuidas muy bien del tronco, le suministras agua y lo mantienes en las condiciones de temperatura adecuadas, se hará muy fuerte y enraizará bien. De modo que, tarde o temprano, las ramas se desarrollarán y les saldrán hojas y flores, y los frutos crecerán en ellas sin problemas. Sin embargo, si no velas por el tronco y las raíces, estos otros elementos no van a prosperar.

El Buda dijo: «La pureza y la simplicidad son las dos alas con las que el hombre se eleva por encima de la tierra». Una vez que comenzamos a dedicar tiempo y esfuerzo a mirarnos a nosotros mismos, así como a mirar a quienes nos rodean y a considerar nuestro lugar en el mundo, empezamos a comprender la sencilla ecuación de la felicidad: nos damos cuenta de que esta surge de dentro, de que crece con el compartir, de que es nuestra elección y de que nos proporciona la vía más fácil para convertirnos en las personas que queremos ser. Es cuando comprendemos esto cuando podemos dejar de malgastar tanto tiempo preocupándonos y, en vez de eso, estar ocupados y ser creativos llevando a cabo acciones buenas y positivas para ayudar a los demás. Nuestro tiempo y nuestra energía se expandirán y recordaremos cada día lo preciosa que es nuestra vida. Experimentaremos una sensación de armonía y de conocernos profundamente a nosotros mismos y atenderemos a los demás sin pedir nada a cambio.

La felicidad consiste en un equilibrio entre nuestros placeres —que pueden cambiar un poco o bastante de un día para otro, según lo haga nuestro estado de ánimo y nuestras emociones— y nuestro nivel de satisfacción —con el que evaluamos cómo nos va la vida y si está teniendo sentido para nosotros—. Es posible que nos quedemos atrapados en asociar la felicidad con el placer solamente, que nos olvidemos de nutrir la felicidad profunda, subyacente, la cual tiene que ver con cómo nos sentimos en relación con la vida y con quiénes somos.

Gastamos *ahora* en aras de la felicidad, pero sufrimos a fin de mes. No seguimos nuestra dieta hoy porque no podemos ver claramente las repercusiones de nuestros actos.

Confundimos el azúcar o un alto nivel de alcohol con la felicidad. También parece que gastamos una gran cantidad de tiempo centrándonos en nuestra infelicidad —nuestras tensiones y presiones, lo que querríamos que fuera de otra manera—. Por eso buscamos las soluciones rápidas para lograr la felicidad, los placeres momentáneos que nos pueden proporcionar un alivio temporal.

Si aspiramos a la felicidad duradera necesitamos profundizar. Este tipo de felicidad más profunda, que nos aporta satisfacción a otro nivel, es con frecuencia más esquiva. No la podemos generar tomando una determinada comida o yendo a ver una película. No es fácil definirla y, en cualquier caso, su significado puede ampliarse o cambiar a lo largo de nuestras vidas. Nunca podremos asir la felicidad, nunca la podremos poseer; de hecho, si intentáramos hacerlo y lo consiguiéramos, esto conduciría a su destrucción a largo plazo. Pero podemos llegar a conocerla mejor y así ser capaces de considerarla una amiga íntima, en vez de concebirla como una extraña. La felicidad no es algo que necesitemos perseguir incansablemente por todas partes, a través de los callejones de nuestras vidas. Todo lo que necesitamos hacer es utilizar nuestras mentes para encender una luz que nos permita iluminar lo que ya se halla dentro de nuestros corazones y comprender que tan solo tenemos que permitirnos ser felices.

La felicidad es un sentimiento fresco. Experimentamos una sensación de espacio, y en vez de agarrar el siguiente elemento con el que entretener o distraer nuestras mentes, disfrutamos de ese espacio y lo abrazamos. No lo llenamos con tonterías innecesarias, sino que lo dejamos ser, puesto que es nuestra naturaleza. Al usar la herramienta de la atención no solo nos resulta un poco más fácil dejar que crezca el espacio entre pensamiento y pensamiento sino que también reconocemos los sentimientos de agitación cuando comienzan a aparecer. Así podemos ocuparnos de ellos de inmediato en lugar de empujarlos constantemente para intentar alejarlos o salir corriendo tratando de apartarnos de ellos, actitudes con las que solo logramos que acaben fijados como heridas en nuestras mentes.

Es importante que vayas más allá de todas estas cosas y experimentes verdaderamente la vida, y después desarrolles tu atención de tal manera que empieces a ver y sentir la diferencia entre la felicidad superficial —que no es un sentimiento fresco sino más bien ardiente, un *subidón*— y esos momentos de felicidad profunda, basados en una conexión. Esta felicidad va junto con un amor y una comprensión profundos; es algo inmensurable y también indestructible. Tu felicidad interior está *siempre* ahí; de ti depende que la destapes. Puedes sentirte muy seguro en su compañía, incluso si no la experimentas directamente todo el rato, y puedes confiar en ti mismo y en ella mientras te desenvuelves en tu vida cotidiana.

2

Los obstáculos a la felicidad

Si ser feliz es tan beneficioso, ¿por qué luchamos con la felicidad? ¿Cuáles son los obstáculos que se interponen entre nosotros y la felicidad, que nos impiden ser personas verdaderas, auténticas, bondadosas, generosas y realizadas? ¿De dónde provienen dichos obstáculos?

expectativas comparaciones juicios autoconfianza celos inflexibilidad preocupaciones orgullo aferrarse al ego dudas excusas malentendidos temores inflexibilidad arrogancia preocupaciones apegos ira preocupaciones

No podemos controlar lo que nos ocurre o lo que tiene lugar fuera de nosotros: si no tenemos suficiente dinero para conservar un techo o para traer comida a la mesa, nuestra felicidad se verá afectada; otras personas pueden lastimarnos o intentar dañarnos, o tal vez enfermemos o resultemos heridos en un accidente y experimentemos un gran dolor.

Pero es mucho lo que está en nuestras manos cuando se trata de nuestra felicidad y de la vida que sabemos que queremos vivir cuando escuchamos a nuestros corazones. La vida que tenemos es sumamente valiosa y cada uno de nosotros tenemos mucho con lo que contribuir. Así pues, ¿por qué nos enterramos bajo el peso mental de las expectativas, las preocupaciones y los malentendidos, creando desarmonía dentro de nosotros mismos y con los demás, haciéndonos infelices a la larga? ¿Cómo se erigen con el tiempo estos obstáculos a la felicidad? ¿Por qué somos tan a menudo nuestro peor enemigo?

Los obstáculos que se interponen entre nosotros y nuestra felicidad son las barreras que creamos en nuestras mentes. Son como paredes invisibles construidas con nuestros miedos, nuestra impaciencia, nuestros celos, nuestra ira y todas las opiniones e ideas a las que nos aferramos para conservar nuestro sentido de identidad. Queremos y esperamos que las cosas sean de una cierta manera, hasta el punto de que a veces arruinamos nuestras posibilidades de ser felices incluso antes de empezar. O bien encajamos nuestras mentes dentro del molde de lo que consideramos que es «correcto» de modo que pasan a ser demasiado sólidas, demasiado inflexibles. Agobiamos nuestra felicidad y cerramos nuestras mentes, en vez de dejarlas deambular libremente, de modo que puedan abrirse a muchas ideas y formas de ver nuevas e inspiradoras.

LAS RAÍCES DE NUESTRO SUFRIMIENTO

> *No es lo que tienes o quién eres o dónde estás o lo que estás haciendo lo que te hace sentirte feliz o infeliz. Es lo que piensas sobre ello.*
>
> DALE CARNEGIE

Antes de que podamos verdaderamente empezar a cultivar un estado mental de felicidad necesitamos comprender la fuente de nuestro sufrimiento, los obstáculos que aparecen entre nosotros y nuestra felicidad. Puede resultar sorprendente, pero cuando pensamos en aquello que creemos que aleja nuestra felicidad, es posible ver que todo sufrimiento proviene de la mente.

Por supuesto, en el caso del dolor físico hay una sensación en el cuerpo que puede ser muy intensa. Es incuestionable que el dolor se experimenta como muy real. Sin embargo, incluso cuando sufrimos dolor físico, el nivel de sufrimiento que experimentamos proviene del interior de nuestras mentes —tiene que ver con cómo lidiamos con el dolor, con cómo reaccionamos ante él en el nivel emocional.

De la misma manera, cuando perdemos a un ser querido la tristeza y la aflicción nos acompañarán un tiempo, mientras nos curamos del dolor de la pérdida. Pero es a través de este tipo de sufrimiento como somos capaces de comprender también verdaderamente nuestro gozo y nuestra felicidad: se nos recuerda lo preciosa que es la vida y lo importante que es vivir día a día y abrazar el presente, en vez de vivir en el pasado o estar constantemente angustiados por el futuro. Nuestra aflicción nos muestra hasta qué punto podemos amar al otro y preocuparnos por él; después depende de nosotros o bien seguir apegados a nuestra congoja durante mucho tiempo, socavando nuestra felicidad y manteniéndonos atrapados en un sitio muy oscuro, o bien tener la valentía de dejar que nuestra pena y tristeza se vayan.

La felicidad condicional

Muchísimas personas creen que solo serán felices si pueden lograr un objetivo específico —perder una cierta cantidad de peso, tal vez, u obtener una muy buena puntuación en un examen—. O tal vez piensan que si pueden soportar su empleo esto les aportará la felicidad de disponer de dinero después de la jubilación o la felicidad de estar seguras de poder pagar la hipoteca. A la gente se la enseña a pensar de esta manera (a posponer la felicidad o a imponerle ciertas condiciones). Pero cuando imponemos condiciones a la felicidad estamos limitándonos a nosotros mismos en realidad. ¿Qué ocurre si no adelgazamos o si no obtenemos esa puntuación en el examen? ¿Nos hace esto ser distintos y debería impedirnos ser felices? No *merecemos* ser felices, sino que la felicidad *es nuestra naturaleza*. Forma parte de nosotros; no depende de un intercambio. Así pues, no encierres tu felicidad en una caja con la etiqueta «Solo para ocasiones especiales».

Las expectativas

Cuando enseño, hablo mucho sobre las expectativas, y sobre cómo se han convertido en una epidemia que disuade de la felicidad a las personas en todo el mundo. Muchos consideran que las expectativas son algo muy bueno, puesto que ayudan a la gente a esforzarse para lograr el éxito, para ganarse bien la vida y para llegar muy alto. Desde mi punto de vista, sin embargo, las expectativas tienen demasiado que ver con obtener unos determinados resultados, por lo que, de nuevo, se trata de elaborar una lista de condiciones u objetivos que deben cumplirse antes de que podamos decir que «lo hemos logrado» y permitirnos ser felices; y cuando no conseguimos todos nuestros objetivos, nos sentimos defraudados.

Si puedes practicar el hecho de guiarte por tus intenciones en vez de por los resultados, no dependerás de ningún logro en particular. Te bastará con haber dado lo mejor de ti en esa situación. Cuando pones demasiado énfasis en los resultados, estás demasiado apegado a un futuro que te imaginas. En cambio, si te centras en tus intenciones, estás más presente; lo que importa es lo que estás haciendo en este preciso momento. Tus intenciones se basan en tus valores; están conectadas con tu corazón. No estoy diciendo que abandones todas tus metas; por ejemplo, el objetivo de obtener un título académico o un ascenso en el trabajo nos puede ayudar mucho a tener el ánimo de crecer y realizar nuestro potencial. Lo que estoy diciendo es que pongas el acento en tu intención, que sepas por qué quieres hacer estas cosas, y que no te apegues a unos resultados específicos. Lo paradójico es que cuanto más te concentras en tus intenciones y en tus valores más efectivo te muestras también en el cumplimiento de tus metas, puesto que lo que haces durante el día está alineado con tu propósito. Eres feliz por el solo hecho de existir; la felicidad deja de ser un destino.

Voy a poner un ejemplo. Por la mañana puede ser que establezcas los objetivos del día, tales como pasar más tiempo con tu familia o realizar lo previsto en el trabajo. Pero al final de la jornada te decepcionas, al darte cuenta de que no has podido hacer muchas de las cosas que tenías planeadas. En cambio, si te centras en tus intenciones puedes empezar la mañana con un simple deseo de expresar tu amor a tus seres queridos y de aprovechar el día al máximo. En este caso te centras en lo que haces, en vez de preocuparte por lo que no has hecho. Un momento que pases con tus seres queridos puede ser fugaz pero vale mucho porque tú estás allí, feliz en su presencia. Es un cambio de perspectiva.

De esta manera también puedes ser una persona mucho más flexible, abierta a todas las posibilidades de un futuro incierto. Las expectativas contienen el potencial de una gran decepción, mientras que las intenciones sencillamente te mantienen dentro de una buena estructura mental, en la que eres consciente de que puede pasar cualquier cosa y ya no necesitas apegarte a ningún resultado específico. La vida raramente discurre de acuerdo con lo planeado, así que ¿por qué tender una trampa a tu propia felicidad por medio de cargar en ella el peso de las expectativas?

Perder el rumbo

Uno de los mayores obstáculos para la felicidad surge cuando hay una desconexión entre lo que sabemos de corazón que es lo correcto que hagamos y lo que hacemos en realidad. No es siempre fácil alinear nuestro propósito con la manera como pensamos, hablamos y actuamos, pero cuanto más podamos hacerlo, más productivos seremos y más conectados estaremos.

Muchas personas sienten que serían mucho más felices si pudieran encontrar el equilibrio correcto entre su trabajo y su vida. A veces pienso que olvidamos que el trabajo *es* la vida, y no algo separado de ella que nos limitamos a soportar para poder tener una existencia cómoda el resto del tiempo. La manera como la persona se siente en el trabajo se convierte en un barómetro de la felicidad, en una montaña rusa de días buenos y días malos con muchos saboteadores potenciales: los jefes, el peso de la responsabilidad, asuntos que no van bien, sentirse agobiado y exhausto...

Si sientes que de alguna manera has perdido el rumbo, o no estás seguro de la dirección que deberías tomar, la meditación y la atención plena (o *mindfulness*) pueden ayudarte a ver más allá de la agitada superficie, a la claridad que hay bajo ella. Ten el valor de seguir adelante y trae tu atención al momento presente, para mirar a tu alrededor y ver qué es lo que está ocurriendo realmente en tu vida. Toma la determinación de barrer tus dudas e incertidumbres y agárrate al día de hoy por todo lo que vale.

Los hábitos mentales

Nuestros hábitos mentales encuentran la manera de interponerse entre nosotros y nuestra felicidad, especialmente si no somos conscientes de su fuerza. Con el tiempo desarrollamos patrones de comportamiento en nuestra manera de reaccionar ante las situaciones o las personas. Por ejemplo, nos sentimos abatidos por las críticas, o nos enojamos con las personas que «chocan» con nosotros. Tal vez desearíamos reaccionar de otra manera, pero nuestros hábitos están tan arraigados que volvemos a caer en ellos sin pensarlo. Parece que seguimos los mismos patrones negativos de pensamiento y comportamiento una y otra vez, y no estamos seguros de cómo romper el ciclo. Trayendo nuestra atención al momento presente podemos ver esos hábitos y patrones a medida que se presentan y comprender qué es lo que los desencadena; desarrollando el autoconocimiento podemos elegir no seguir las mismas viejas formas de pensar y lanzarnos por un nuevo camino.

Las emociones negativas

La ira y sus emociones asociadas —como la frustración, la impaciencia, la intolerancia, la vergüenza y la culpa— corroen mucho nuestro estado mental. Nos producen dolor porque nos queman por dentro, y cuando reaccionamos de un modo muy repentino o sin pensar, podemos arremeter con palabras que son como dardos dirigidos a personas, objetos o situaciones. Sufrimientos innecesarios tales como la duda, el deseo y la codicia ocupan un espacio mental muy valioso e incluso pueden hacer de nosotros personas de mente estrecha. También provocan distancia y separación: queremos alejarnos de una persona o situación que no nos gusta, o de nosotros mismos. Incluso podemos tomar algo que está sucediendo en el momento y proyectarlo como una verdad universal que no va a cambiar nunca: «Siempre voy a estar solo», «Nunca seré así de feliz»...

Cuando estamos enojados, no podemos ver directamente lo que está ocurriendo y nos precipitamos a efectuar interpretaciones y asociaciones. Si no tenemos cuidado con la ira que surge en el momento, esta puede convertirse en algo más general: pasamos a estar enfadados con la vida. Del mismo modo, las otras emociones relacionadas con la ira pueden hacerse habituales, de manera que tendemos a caer en las comparaciones o en los celos o a sospechar de las intenciones de los demás. Esto deja muy poco espacio para la alegría y la felicidad en nuestros pensamientos y corazones.

Es por eso por lo que es tan importante que seamos más conscientes de todas nuestras emociones y más amables con ellas. Es fundamental que exploremos el origen de todos los sentimientos y emociones negativos y que practiquemos sus antídotos: la paciencia, el agradecimiento y la aceptación. Una mente iracunda o celosa no puede ser nunca feliz, así que en aras de nosotros mismos y de quienes nos rodean necesitamos comprender nuestras emociones y aprender cómo soltarlas.

El apego al ego

En nuestras enseñanzas hablamos mucho sobre los apegos y la impermanencia. El ego es una recopilación de todas las historias y creencias que se nos han contado y que nos hemos contado a nosotros mismos acerca de quiénes somos a lo largo de la vida. Cuando nos apegamos demasiado a esta identidad, nos limitamos a nosotros mismos y, como consecuencia, ponemos límites y condiciones a nuestra percepción de la felicidad. Y así como nosotros nos aferramos a nuestros egos estos se aferran a las posesiones y opiniones, en un intento de sentirse seguros. Esto da lugar a un miedo subyacente —el miedo a estar equivocados, el miedo a vernos perjudicados de alguna manera, el miedo a lo que otras personas piensen de nosotros.

Si eres infeliz contigo mismo, es porque no has llegado a conocer tu verdadero ser. Solo conoces tu ego, que en este momento te está haciendo un flaco favor y te está atrapando en la infelicidad. Las cosas que no te gustan de tu personalidad o de lo que haces no son *tú*; y, aunque puede parecer imposible cuando te sientes demasiado mal contigo mismo, puedes empezar a liberarte, suavemente, de estas ataduras. Si cuidas de tu mente, puedes transformar tus pensamientos y tus acciones. En otras palabras, puedes transformar tu vida.

Las relaciones

Si sientes que eres infeliz a causa de la manera como te tratan los demás, lo primero que tienes que comprender es que, sea lo que sea lo que los demás puedan hacer o decir, tienes cierto grado de control sobre tus reacciones. Si tu felicidad está dentro, no tienes que dejar que las condiciones externas tengan tal poder sobre ella. A veces nuestra percepción de las intenciones de la otra persona —especialmente cuando ha dicho palabras que nos han herido— no tiene nada que ver con lo que esa persona estaba pensando, o bien constituye una exageración de lo que realmente pensaba.

De todos modos, puede haber ocasiones en las que realmente parece que alguien quiere perturbarte o dañarte con sus palabras o acciones. Es muy difícil que esto no afecte a tu felicidad, pero puede ayudarte comprender que la motivación que se halla tras sus palabras o acciones nocivas lo dice todo de esa persona, pero no dice nada de ti. Aunque te lance dichas palabras o acciones como un dardo envenenado, no tienen nada que ver con quien tú eres, sino que tienen su origen en los conceptos erróneos que esa persona tiene acerca de quién es ella.

Tener en cuenta esto y comprenderlo puede ayudarte a reducir tu sufrimiento y a ver que las otras personas no tienen por qué constituir un obstáculo inamovible para tu felicidad. Céntrate en todas las relaciones positivas presentes en tu vida y nútrelas con tu felicidad.

El miedo y la incertidumbre

Sentimos nuestros miedos y ansiedades en el cuerpo; son obstáculos para la felicidad que se asientan en la boca del estómago o bien que hacen que todo nuestro ser se sienta incómodo y alterado. Aunque el problema en este caso no es el miedo en sí mismo. En realidad, nuestros miedos son una de las mejores señales que apuntan hacia nuestro crecimiento; sugieren que hagamos lo que realmente queremos hacer y que seamos quienes realmente queremos ser.

Cuando permites que surjan el miedo y la incertidumbre sobre lo que podría o no suceder, en vez de afrontarlos, estos pueden interponerse en el camino entre tú y tu felicidad. Tu ego se aferra al miedo, pero tu verdadera naturaleza es intrépida y libre. Solo tienes que quitar las capas, como cuando pelas una cebolla, mirar directamente a tu corazón y ver el valor y la confianza que moran en su interior.

Si te sientes infeliz por la situación en la que te encuentras, empezarás, a lo largo de este libro, a explorar los sentimientos que dicha situación te evoca. Examinarás si puedes mirar desde distintos ángulos tanto los sentimientos como la situación misma, en vez de creer que son solamente una fuente de infelicidad. Cuando llegan este tipo de situaciones, independientemente de cuántas autocreencias, circunstancias o personas sintamos que están afectando a nuestra felicidad, podemos elegir el modo de lidiar con ellas en nuestras mentes. ¿Nos aferramos durante todo el día a la frustración que experimentamos en la reunión que tuvimos por la mañana, de tal manera que la traemos con nosotros a casa? ¿Asumimos siempre la culpa o la responsabilidad por situaciones cuando podrían ser fácilmente compartidas? ¿Incluso puede ser que nos preocupe un poco la posibilidad de permitirnos ser felices, por el miedo a que podamos sentirnos mucho más heridos si después esta felicidad nos es arrebatada?

Parece que los seres humanos encontramos las complicaciones, e incluso el sufrimiento —hasta cierto grado—, más fáciles de llevar que la felicidad: es más sencillo quejarse que celebrar, hacer la lista de lo que no hemos conseguido hoy que reconocer todo lo que sí hemos hecho; nos envolvemos con las expectativas e ideas sobre cómo pensamos que deberían ser las cosas, y nos preocupa que la satisfacción y la paz puedan volvernos perezosos.

Creo que es hora de que liberes tu mente y permitas que la felicidad regrese a ella. Hace ya mucho tiempo que la felicidad está aguardando, pacientemente, que le abras la puerta. Cuanto más feliz te permitas ser hoy, más feliz serás mañana y durante el resto de tu vida.

3

Un corazón feliz

Algunos persiguen la felicidad. Otros la crean.

RALPH WALDO EMERSON

Si podemos empezar por comprender la mente de manera intelectual, será un buen comienzo. Si podemos empezar a descubrir la fuente de nuestra felicidad así como la de nuestro sufrimiento, tenemos una posibilidad. Pero esto no es suficiente, puesto que este tipo de conocimiento intelectual tiene que ser llevado al corazón. Cuando tomas una decisión como comprar una casa, por ejemplo, tienes todos los datos y cifras delante de ti, pero lo que realmente va a remachar tu decisión va a ser lo que sientas en el corazón. Esto es lo que necesitas practicar más, y a diario.

Probablemente conozcas a personas que parecen conocerse a sí mismas, personas que son capaces de escuchar su propia naturaleza. Experimentan tanta tristeza, ira o deseos como cualquier otro ser humano, pero navegan bien incluso entre aguas turbulentas. Tengo amigos que no son en absoluto religiosos pero que aun así están en contacto consigo mismos, de modo que su presencia resulta muy gratificante e inspiradora. Incluso si están implicados en algún tipo de logro que pueden tardar bastante tiempo en conseguir siguen adelante, por más que el camino gire y serpentee.

Si no identificamos inmediatamente en nosotros este tipo de felicidad, natural podemos desarrollarla. Podemos mejorar nuestra comprensión de nuestra auténtica naturaleza y revelar nuestra felicidad. Esta es mi propia experiencia.

¿Qué tal si, sencillamente, pudiéramos elegir ser felices? ¿Qué tal si decidiéramos desprendernos de todas las condiciones, comparaciones y expectativas y en vez de ello nos centráramos en todas las oportunidades y las cosas auténticamente buenas que tenemos en nuestra vida hoy mismo, en este preciso momento? A muchas personas les preocupa que si son optimistas o si miran la parte positiva estarán preparando el terreno para una futura caída o decepción. Pero una mente optimista no espera que cada día sea fácil o que todo se ajuste perfectamente a lo planeado; una mente optimista tiene la flexibilidad de aceptar cualquier cosa que se presente en su camino y de intentar ver lo que tiene de potencialmente positivo cualquier situación. Una mente optimista o feliz abraza la incertidumbre de la vida y está menos apegada tanto a lo material como a la manera en que son las cosas.

Siendo esto así, ¿podemos entrenar nuestras mentes para que sean más felices, tanto en el momento como en relación con quienes somos y lo que hemos hecho, es decir, en relación con la evaluación que hacemos de nuestra vida? La buena noticia es que sí, podemos hacerlo.

Tenemos que reconectarnos con nuestro ser verdadero, con nuestra intuición. Esta práctica planta la semilla de la comprensión, y si gozamos de comprensión la felicidad no solo se convierte en nuestro estado mental, sino que además empezamos a compartirla con los demás en el transcurso del día, por medio de nuestros pensamientos, palabras y acciones.

Tanto la meditación como el desarrollo de la atención te serán de mucha ayuda para aumentar el volumen de tu voz interior, de tal manera que puedas conocer tu propósito y después alinear lo que haces en la superficie de la vida (es decir, tus acciones) con lo que está en tu corazón. Entonces podrás empezar a mirar de un modo diferente las situaciones de tu vida. Podrás lanzar una mirada nueva, fresca, a los viejos patrones que se han repetido tan a menudo en ti, así como a los hechos, situaciones o personas que siempre has creído que te han impedido, de alguna manera, ser feliz. También podrás ver con mayor frecuencia los retos que se te presentan de una forma nueva, de modo que será menos probable que te pueda sacar de tu equilibrio aquello que normalmente antes saboteaba tu felicidad. Puedes hacer una pausa... antes de reaccionar.

Con un poco de práctica empezarás a ver las invenciones que te has permitido construir con el tiempo, las condiciones y requisitos que le has puesto a la vida para poder ser feliz. Tal vez descubras que te has vuelto muy apegado —incluso adicto— a ciertas maneras de pensar, a ciertas preferencias y aversiones; y puede ser que te hayas vuelto estrecho de miras y que tu mente se haya cerrado. No es nada fácil que una mente estrecha sea feliz, así que tienes que practicar abrirla, de tal modo que permitas que entre mayor felicidad en ella.

No temas hacerte algunas preguntas directas:

> ➤ ¿Qué está ocurriendo en tu vida?
> ➤ ¿Te *sientes* feliz?
> ➤ ¿Qué es lo que ya está bien en tu vida?
> ➤ ¿Qué es lo que quieres realmente mejorar?

El objetivo de estas preguntas no es presionarte, sino ayudarte a que tomes conciencia de hasta qué punto la manera en que te sientes en relación con la vida y las experiencias tiene su origen en tu mente. Por ello, dedicar un poco de tiempo a cuidar de tu mente te puede aportar grandes beneficios.

Si tiendes a tener pensamientos o emociones negativos pero sabes que te gustaría sentirte más ligero y feliz contigo mismo, puede ser que tengas algo de miedo a pasar tiempo con tu mente, a mirar de frente a tus emociones. Pero es muy importante saber que incluso las emociones muy negativas, como los celos, no son nunca permanentes: van y vienen, y son valiosas en el viaje que es tu vida.

No es intrínsecamente necesario apegarse a las emociones negativas, pero para algunas personas es fácil caer en esta trampa. Otras encontrarán muy fuerte el atractivo del optimismo, de la actitud del «nada me toca», e ignorarán la presencia de cualquier cosa que sea potencialmente negativa. Esas personas hacen caso omiso de todo; ni tan siquiera arañan la superficie de su vida interior. Pero si recorremos el camino del medio, conservaremos nuestro equilibrio: no nos veremos tan perturbados por las experiencias o emociones negativas pero nuestros egos tampoco estarán flotando por todo el lugar, derribándolo todo.

Tenemos que ser capaces de mirarnos al espejo sin incomodarnos y ser honestos en cuanto a lo que nos gustaría mejorar y practicar. Cuando somos amables y honestos con nosotros mismos, podemos ser amables y honestos con todas las demás personas, lo cual aporta mucha paz y felicidad a nuestras mentes y a nuestras vidas. Empezamos a tener una gran capacidad de empatía y compasión, porque si somos más conscientes de nuestra propia fuente de felicidad y de nuestras propias vulnerabilidades y rarezas, somos más sensibles a las necesidades de los demás y sabemos mejor cómo podemos contribuir a su felicidad. No seremos presa tan fácil de la crítica y los juicios, y aprenderemos a vivir y dejar vivir un poco más, a la vez que nos esforzaremos para ser y hacer lo mejor que podamos en nuestras propias vidas.

¡Ten el valor de levantar la mano y decir que ya es hora de afrontar lo que se interpone entre tú y tu felicidad! Date la oportunidad de tu vida.

4

Entrar en el estado mental de la felicidad: una introducción práctica a la meditación y el *mindfulness*

Cuando corres tras tus pensamientos eres como el perro a la caza del palo: cada vez que se lanza el palo corres tras él. En vez de ser como el perro, sé como el león, el cual no persigue el palo, sino que se gira para afrontar al lanzador. Uno solo tira una vez al león el palo.

MILAREPA

Combinadas con la atención plena diaria (o *mindfulness*), las meditaciones son herramientas excelentes que les dan a nuestras mentes una oportunidad de desarrollar la felicidad. Yo he sido entrenado para meditar durante toda mi vida y por eso la meditación es una segunda naturaleza para mí, pero sé que la mayor parte de mis amigos encuentran bastante difícil sentarse sin moverse aunque sea durante cinco minutos.

Pensemos acerca de cómo la vida moderna puede estar afectando a nuestras mentes: muchos de nosotros corremos constantemente tras nuestros pensamientos indómitos y salvajes, y, puesto que no tenemos control sobre ellos, nuestras palabras y acciones también pueden estar descontroladas. Así que reaccionamos a las situaciones en una fracción de segundo, sin darnos la oportunidad de pensar algo al respecto u ofrecernos un poco de espacio. Hemos perdido el botón de pausa.

El primer beneficio de la meditación es que puede ayudarnos a crear una sensación de calma y, al menos durante unos minutos, nos aporta cierta paz mental. Gracias a la meditación los pensamientos empiezan a hacerse más amigables; nos escuchan, en vez de controlarnos. De modo que tenemos la libertad de decirles: «Vamos a ver, amigos, no me molestéis durante cinco minutos». Este tipo de meditación encaminada a calmar la mente es una buena herramienta para ralentizar su movimiento durante un corto período de tiempo, para proporcionarle un merecido descanso.

¿POR QUÉ MEDITAR?

Si nos conformamos con calmar la mente, después, tan pronto como retomemos la actividad, los mismos obstáculos a la felicidad estarán todavía ahí: los mismos hábitos mentales regresarán y perturbarán nuestro equilibrio una vez más. Así pues, voy a presentarte todas las demás razones por las que practicar la meditación y la atención plena, de modo que, en vez de tan solo tranquilizar la mente, puedas comenzar a *transformarla* y a cambiar así tu vida para mejor.

> ➤ Además de calmar tu mente, la meditación te da la oportunidad de apreciar más la vida. El agradecimiento está siempre ahí, bajo toda la cháchara mental, enterrado bajo nuestros miedos y esperanzas, pero por medio de la meditación sube a la superficie durante unos minutos, de manera que podemos realmente sentirlo y experimentarlo.

> ➤ A veces la meditación puede no tener un efecto calmante. Cuando la usamos para explorar nuestros sentimientos o para reconocer heridas pasadas, de manera que podamos empezar a soltarlas, pueden emerger a la superficie emociones difíciles y profundamente arraigadas, emociones que hemos estado reprimiendo a lo largo del tiempo. Esto requiere valor, pero cuando miramos directamente estos pensamientos y emociones en el espacio seguro de la meditación, empezamos a ver que depende de nosotros el hecho de continuar o no permitiéndoles que moldeen nuestra realidad o ensombrezcan nuestras vidas. Lo que hace siempre la meditación es dar lugar a una sensación

de amplitud en nuestras mentes, de tal manera que podemos o bien tomarnos un respiro mental o bien contemplar la vida con honestidad. Nos aferramos menos a nuestros pensamientos y emociones, y les permitimos que fluyan más libremente.

> La meditación, y también el desarrollo de una conciencia de nosotros mismos y del mundo que nos envuelve, nos estimula a dejar de perseguir la felicidad y a disfrutar de su presencia en nuestras vidas hoy mismo. Podemos ser felices ahora en vez de correr durante todo el día intentando tachar cosas de nuestra interminable lista de tareas pendientes, convencidos de que solo entonces podremos permitirnos ser felices —cuando hayamos hecho lo suficiente para merecerlo o para ganárnoslo.

> La meditación abre nuestras mentes y nos permite ver las cosas de otra manera, explorar el sentido de nuestras vidas y desarrollarnos. Liberamos nuestras mentes de las limitaciones, dudas o preocupaciones diarias y creamos espacio en ellas, de tal manera que podemos preguntarnos qué tal está nuestra felicidad hoy.

> La meditación nos permite comprender la naturaleza del tiempo y que nada es permanente en esta vida. Por medio de esta clase de contemplación somos capaces de sentirnos menos apegados a nuestras opiniones o expectativas respecto a cómo tiene que ser la vida con el fin de que seamos felices. A través de la contemplación y la reflexión vamos comprendiendo cómo trabajan nuestras mentes, cómo todos nuestros pensamientos son percepciones (no son más que una

forma de ver las cosas) que pueden ser perfectamente válidas, si bien otros puntos de vista son igualmente válidos.

> Podemos contemplar las relaciones que tenemos con nuestros seres queridos, así como con nuestros amigos y compañeros y con los extraños con los que nos cruzamos por la calle. ¿Estamos tratando a los demás como nos gustaría que nos trataran a nosotros? Si alguien nos ha disgustado, ¿podemos mirarnos en el espejo y pensar en la manera de mejorar, en lugar de ser tan rápidos a la hora de juzgar o criticar a los demás?

> También podemos considerar las relaciones que tenemos con las cosas —con nuestras posesiones y con el dinero, por ejemplo—. ¿Permitimos que fluyan en nuestras vidas o nos aferramos a ellas con demasiada firmeza? Es cuando empezamos a aferrarnos a algo o a alguien cuando convertimos nuestras mentes en inflexibles y cuando empezamos a cubrir nuestro estado natural de felicidad con condiciones y expectativas.

Tienes que sentarte para ver tu mente

Nicole acudió a un retiro en Druk Amitabha Mountain, en Nepal, y compartió sus experiencias con la meditación:

Encuentro que la meditación es muy útil combinada con el aprendizaje de las enseñanzas, o la filosofía, que denominamos *dharma*. Aprender aspectos del *dharma*, reflexionar sobre ellos y contemplarlos es realmente lo mismo que contemplar la vida. Cuando empecé a meditar, solo podía sentarme durante un poco rato —cinco minutos, tal vez, si tenía suerte—. Aún no tengo la mente en blanco cuando medito, estoy lejos de ello, pero con el tiempo el espacio entre mis pensamientos se ha hecho más amplio. Se trata de mirar tus pensamientos y observarlos, pero no de mantenerlos; hay que dejarlos que se vayan, que se escurran fuera de la pantalla de la mente. A veces tendrán relación con una enseñanza, como la paciencia, por ejemplo, y será interesante ver cuáles acuden; pero de todos modos los dejo que pasen, como si se tratase de las secuencias de una película.

Después de hacer esto muchas veces, los apresurados pensamientos empiezan a ralentizarse, de tal manera que puedes verlos con mayor claridad y comienzas a detectar un pequeño espacio entre ellos. Este es el espacio que permite que nuestra verdadera felicidad acuda, procedente de nuestro interior, y se nos muestre. Es muy agradable permanecer en este estado mental.

PONIENDO LAS COSAS EN PERSPECTIVA

La meditación contemplativa nos ayuda a salir de los pensamientos negativos. Nos ofrece la ocasión de hacer una pausa y reflexionar. Cuando nos quedamos atrapados por los pensamientos negativos, permanecemos fijados en nuestra propia mala suerte: «¿Por qué yo?», preguntamos. Pero cuando nos damos la oportunidad de considerar tranquilamente emociones tales como la ira, los celos o el miedo, podemos investigarlas sin sentirnos tan atrapados. Podemos preguntarnos sinceramente por qué estamos sintiendo esas emociones y buscar las respuestas dentro, en lugar de buscar razones que están fuera de nuestro control.

Es fácil que nos manejemos en el día a día con un ritmo tal que perdamos estas oportunidades de contemplar y desarrollar nuestra comprensión acerca de la vida y de quiénes somos. Nos sentimos demasiado excitados o ansiosos como para detenernos a pensar. Cuando estamos alterados, especialmente, no tenemos la energía o la autoestima necesarias para ponernos a investigar.

La mente es la base. Ella es la fuente de la mayor parte de nuestro sufrimiento y de nuestra felicidad. En el budismo, la mente es más que nuestro intelecto; consideramos que incluye también el corazón, que es nuestra «naturaleza». Cada uno de nosotros está conectado, por medio del corazón, al universo entero, de tal manera que si entras en tu mente verás el universo.

YOGA PARA LA MENTE

Contamos con una práctica que se llama *guru yoga*. Se trata de una serie de meditaciones que son, en algunos sentidos, como yoga para la mente. Así como el yoga físico entrena el cuerpo para que sea fuerte, a la vez que flexible, lo mismo es aplicable al *guru yoga* en relación con la mente. A menudo permitimos que el estrés, las tensiones y las emociones tensen nuestros hombros —esto podemos verlo en la manera como la gente se sienta y camina encorvada—, de modo que el centro de gravedad de la mayor parte de las personas está hoy día en los hombros. El yoga y sentarse en postura de meditación estimulan que el centro de gravedad del cuerpo se establezca bajo el ombligo, donde puede ofrecer la mayor estabilidad.

Cuando haces por primera vez meditación o yoga, puedes encontrarte con que es muy doloroso para ti sentarte con la columna recta durante largos períodos de tiempo. Te sientes inquieto y quieres moverte; consideras insoportable permanecer sentado en esa postura. En el caso de la mente ocurre lo mismo. Puede ser muy incómodo, al principio, dejar que nuestras mentes se aquieten; preferiríamos que continuasen silbando y zumbando, distrayéndose con los principales asuntos de nuestras vidas. Tenemos que hacer un gran esfuerzo para sentarnos en silencio y regresar una y otra vez a nuestro centro.

Encuentro fascinante constatar cómo esas antiguas prácticas ofrecen una secuencia de ejercicios mentales o meditaciones que son tan relevantes para la vida de hoy día como siempre lo han sido. Por ejemplo, al empezar generamos nuestra motivación: nos recordamos a nosotros mismos cuál es nuestro propósito en la vida, que es básicamente ayudar a tanta gente y a tantos seres vivos como podamos. Tal vez pensarás que esto está bien para las monjas y los monjes como yo, pero acaso te cuestiones cuál es la relevancia de esto para las personas que viven en el mundo real. Pero cuando piensas en ello, ¿no puede ser acaso el propósito de cada individuo hacer todo lo posible para convertir el mundo en un lugar mejor, sea cual sea la forma en que pueda contribuir a ello? ¿No puede ser este propósito llevar felicidad y seguridad a sus seres queridos, así como extender la tolerancia y la compasión?

Utilicemos la meditación para visualizar la sabiduría que todos tenemos dentro, nuestra auténtica naturaleza. Otras meditaciones consisten solamente en considerar lo preciosa que es la vida, así como nuestra libertad mental, lo cual puede ayudarnos a liberarnos de nuestras ataduras mentales de siempre, como las expectativas o la trampa de lamentarnos a menudo por lo que no tenemos o lo que fue mal en el día en vez de considerar todas las cosas asombrosas que ya forman parte de nuestras vidas y aquello que sí nos fue bien durante el día. ¡Qué gran fortuna es la vida en sí misma!

También usamos la meditación para contemplar la naturaleza del cambio y su inevitabilidad. Es sorprendente cuánta infelicidad mental parece estar relacionada con el miedo al cambio o con el intento de que todo sea y se conserve como está.

Realmente, la meditación es una muy buena manera de ayudarnos a encontrar nuestra motivación, establecer nuestra intención y emprender pequeños pasos hacia el desarrollo de la conciencia de nuestra sabiduría interior, es decir, nuestra felicidad interior. También empezamos a ser conscientes de cómo usamos nuestros pensamientos, palabras y acciones durante el día. A menudo no nos damos cuenta de que nuestro cuerpo, nuestra mente y nuestra forma de hablar están conectados, de modo que la calidad de nuestros pensamientos conduce a la calidad de nuestras palabras y actos. Por eso, con el solo hecho de establecer nuestra intención al comienzo del día empezaremos a cambiar los habituales patrones inconscientes —o bien, si no los cambiamos de buenas a primeras, por lo menos empezaremos a percibirlos—. Este es, en sí mismo, un muy buen paso, y requiere algo de práctica. Solo seremos capaces de dejar de lado los obstáculos que se interponen entre nosotros y nuestra felicidad si antes que nada estamos dispuestos a reconocerlos.

La meditación te ofrece un modo de apaciguarte, de tal manera que eres capaz de reflexionar más eficazmente sobre lo que te ha acontecido durante el día y sobre cómo te estás desarrollando como persona. También te proporciona el tiempo y el espacio necesarios para contemplar; puedes usar la meditación para reflexionar sobre una enseñanza o alguna cuestión. Por ejemplo, si te has mostrado impaciente durante el día, tal vez desees meditar y reflexionar sobre cómo desarrollar la paciencia puede beneficiarte y eliminar algunos de tus obstáculos a la felicidad. Si contemplas la paciencia durante tu meditación, estarás más preparado para practicarla durante la vida cotidiana.

Si empiezas a meditar hoy por primera vez, tal vez no encuentres muy fácil —ni tan siquiera útil— reflexionar sobre la paciencia, porque mientras lo intentes tu mente va a estar corriendo de aquí para allá. Pero sé paciente con tu práctica (como puedes ver, incluso lo difícil que es comenzar a meditar contiene una lección, de paciencia en este caso). *Si perseveras en la práctica de la meditación*, gradualmente, después de una o dos semanas, sí que podrás reflexionar sobre un determinado asunto, muy fácilmente y sin dificultades.

Para que esto sea posible necesitamos sentirnos relajados y en paz. Por eso cantamos mantras antes de ponernos a meditar. El ritmo de los mantras da lugar a una relajación; para mí es como nadar en el océano profundo. En este estado relajado podemos, progresivamente, desarrollar una sensación de espacio en nuestras mentes, de tal manera que haya sitio en ellas para la comprensión y la inspiración en vez de la habitual mezcla de pensamientos absurdos que reclaman nuestra atención.

LA ATENCIÓN PLENA

Muchas personas tienden a pensar que la meditación consiste en unas prácticas específicas que conviene realizar al principio o al final del día. Sin embargo, para comprender verdaderamente cómo la mente es la creadora de todo y cómo podemos infundir una mayor felicidad al conjunto de nuestra vida, necesitamos extender el arte de la meditación al resto del día.

En nuestros tiempos, a esto se le llama *mindfulness*, o *atención plena*. Se trata de algo que ha sido enseñado a través de las distintas épocas, no solo por el Buda sino también por muchos filósofos y líderes espirituales. Además, hoy día la ciencia también nos está dando claves sobre cómo podemos ayudarnos a nosotros mismos y a los demás a ser felices.

Tiendo a describir el *mindfulness* como 'estar en tu vida'. Prestando atención e incrementando tu conciencia te traes a ti mismo al momento presente. Si puedes despojarte de algunos de los malentendidos y complicaciones que obstaculizan tu capacidad de llevar adelante tus cosas con pasión e ímpetu, puedes traer tu atención aquí, a este momento, con curiosidad y compromiso.

Convertir la atención plena en un hábito

La atención plena, o *mindfulness*, consiste en algo más que en solamente ser consciente de la presencia de las cosas. Es la capacidad de mantener una atención tranquila y constante sobre el cuerpo, las palabras y la mente, libres de juicios, conceptos y autorreferencias. Es tanto una práctica como un estado mental. La atención plena tiene que convertirse en un hábito, de tal manera que toda tu vida, a cada momento, a cada respiración, esté llena de claridad y conciencia.

En general, desarrollamos la atención plena por etapas. Empezamos con el *mindfulness* del cuerpo, seguimos con el de los sentimientos, después el de la conciencia y acabamos con el *mindfulness* de la naturaleza de la existencia o de los fenómenos.

> ➤ El ***mindfulness* del cuerpo** significa ver el cuerpo como una forma física, sin ningún apego egoico. Es decir, lo vemos tal como es, sin ponerle la etiqueta de *yo* o *mío*. Cuando prestamos plena atención al cuerpo, particularmente al ritmo natural de la respiración, ayudamos a domar la «mente de mono» que salta de un pensamiento a otro. Somos capaces de hacer una pausa.
>
> ➤ El ***mindfulness* de los sentimientos** o sensaciones significa reconocer nuestras emociones y verlas como entidades separadas, independientes. No dejamos que las emociones definan quiénes somos. Esto nos ayuda a reconocerlas y a lidiar con ellas.
>
> ➤ El ***mindfulness* de la conciencia** consiste en observar nuestra mente y nuestros pensamientos, sin formarnos ninguna idea o juicio. Reconocemos los patrones de pensamiento, cómo un pensamiento fluye hasta el siguiente, cómo se suceden.
>
> ➤ El ***mindfulness* de la naturaleza de la existencia** reconoce la relación existente entre el individuo y el mundo exterior. Nos ayuda a comprender que todo es interdependiente. Esta comprensión es la base del

desarrollo de la sabiduría: nada es lo que aparenta; todo es relativo e interdependiente en relación con algo. Por ejemplo, para poder entender lo que es el calor tenemos que experimentar el frío; así pues, es necesario que exista el frío con el fin de poder experimentar el calor. ¿Sabemos de dónde proviene nuestra comida? ¿Somos conscientes de dónde procede nuestra agua? Si ponemos plena atención en estas pequeñas cosas que tienen que ver con la naturaleza de la existencia, también nos daremos cuenta de que nuestra propia existencia depende de los demás. Este es el primer paso hacia el desarrollo de una mayor sabiduría, amor, bondad y compasión. La atención plena nos ayuda a convertirnos en la persona que queremos ser.

La práctica diaria del *mindfulness* te abre a nuevas experiencias y puntos de vista, de modo que estás dispuesto a aprender de los demás y a disfrutar de la posibilidad de ver las cosas de otra manera. Ya no dependes de las viejas etiquetas que acostumbrabas a usar para interpretar el mundo. Te sumerges en el viaje de la vida, libre de obsesiones en cuanto al destino o los resultados.

Junto con la atención plena y la meditación, siéntete libre de permitir que tu mente también divague; deja que tu imaginación vuele libre de las acostumbradas limitaciones, creencias sobre ti mismo y etiquetas. Encuentra el equilibrio entre usar la meditación para agudizar tu atención y tomarte un respiro mental. Tú eres el mejor juez a la hora de decidir si tu mente necesita ejercicio o un descanso.

La meditación en la práctica

A algunos principiantes les preocupa el hecho de no estar haciéndolo todo «bien». Pero en realidad todos somos principiantes, incluso quienes hemos estado practicando durante muchos años. Así que no te preocupes en ningún caso. Entiende que no hay una manera correcta o incorrecta de meditar; las instrucciones acerca de la meditación no son más que una guía para ayudarte a que llegues a conocerte a ti mismo y a desarrollar tu comprensión.

 **LA POSTURA PARA MEDITAR**

La postura básica tiene siete características:

1. Las piernas cruzadas, con la pierna izquierda en el interior.
2. La espalda recta.
3. Los hombros estirados rectos, como las alas de un águila.
4. El cuello ligeramente inclinado.
5. Los ojos abiertos, mirando atentamente hacia abajo, aproximadamente a un metro de distancia.
6. La boca ligeramente abierta, con la punta de la lengua tocando el paladar superior.
7. Las manos en el regazo, la palma derecha sobre la izquierda, con los pulgares tocándose suavemente.

Puedes meditar donde sea: sentado en una silla, de pie o caminando. Sin embargo, si te sientas a meditar en la posición descrita, tu cuerpo se asienta, lo cual ayuda a que tu mente esté más firme. El principal punto que debes recordar es mantener el pecho y los hombros abiertos, de modo que puedas inspirar con mayor profundidad; además, si conservas esta postura de apertura, esto también te ayudará a abrir la mente.

🪷 LA MEDITACIÓN EN LA RESPIRACIÓN

Para este tipo de meditación mantén la postura recta y sigue estos pasos:

1. Cierra la fosa nasal derecha con un dedo, suavemente, y toma una inspiración larga y profunda a través de la fosa izquierda.
2. Cuando hayas acabado de inhalar, retén el aire durante unos cuantos segundos.
3. Cierra la fosa nasal izquierda, abre la derecha y saca el aire por ella.
4. Ahora inspira por la fosa nasal derecha, manteniendo la izquierda tapada. Retén el aire cuando hayas acabado de inspirar y después espira por la fosa nasal izquierda.
5. A continuación, inspira suavemente por ambas fosas a la vez. Espira con un poco de fuerza ahora, con el fin de sacar el máximo de aire posible.

🪷 LA MEDITACIÓN DE LA LUZ BLANCA Y EL HUMO NEGRO

En este caso, mientras inspiramos, visualizamos que todo lo positivo del mundo entra dentro de nosotros en forma de luz blanca. Cuando espiramos, visualizamos que toda la negatividad que tenemos dentro —como la ira, los celos o la tristeza— sale en forma de humo negro.

1. Empieza con una larga espiración por las dos fosas nasales. Visualiza cómo toda ira, odio, karma negativo, decepción y estrés salen en forma de humo negro.

2. Tapa la fosa nasal izquierda con un dedo, inspira profundamente por la fosa derecha y mantén el aire en el estómago durante dos segundos. Visualiza cómo todo lo positivo entra en tu cuerpo en forma de luz blanca.

3. A continuación, cierra la fosa derecha; exhala toda la negatividad por la fosa izquierda en forma de humo negro.

4. Inhala una vez más todos los pensamientos positivos, en este caso por la fosa izquierda, en forma de luz blanca.

5. Tapa la fosa izquierda y exhala todos los pensamientos negativos por la fosa derecha, en forma de humo negro.

6. Inhala profundamente todos los pensamientos buenos y positivos por las dos fosas nasales en forma de luz blanca.

7. Exhala, forzando un poco, todos los pensamientos malos y negativos por las dos fosas en forma de humo negro.

Esta es una ronda. Normalmente se llevan a cabo tres o más rondas; hazlas si te apetece.

🪷 LA MEDITACIÓN DE LLEVAR LA ATENCIÓN AL CUERPO

Esta es una de las meditaciones basadas en la concentración que podemos utilizar para ayudarnos a relajar la mente, de tal manera que después podamos empezar a examinarla con mayor claridad. Permite que tu mente cuide de tu cuerpo a lo largo de esta meditación; dale a tu cuerpo la oportunidad de relajarse profundamente y de sentirse imbuido por tu agradecimiento hacia él.

1. Túmbate sobre la espalda, en tu cama o en el suelo. Cierra los ojos y deja que los brazos reposen suavemente, en una posición natural, a ambos lados del cuerpo. Permite que las piernas descansen y se relajen, ligeramente abiertas.

2. Mientras inspiras y espiras, por debajo del diafragma, siente todas las zonas en las que tu cuerpo está tocando el suelo o la cama, y con cada respiración permítete sumergirte más en estas zonas de contacto, hasta que te sientas pesado y arraigado. Céntrate solamente en tu cuerpo; suelta cualquier tensión, preocupación, miedo o expectativa.

3. Lleva la atención a la respiración y percibe cómo el abdomen se eleva y desciende cuando inhalas y exhalas.

4. Tras unas cuantas respiraciones, lleva la atención a los dedos de los pies. Tal vez te apetezca imaginar que inspiras una energía blanca y positiva; lleva esta energía a los pies. Examina tus sensaciones e imagina tus pies felices y relajados. Suelta cualquier tensión.

5. Ahora lleva tu atención a las piernas, lentamente; a las pantorrillas, rodillas y muslos. Si sientes algún dolor, envía tu amor y buena energía a ese punto de dolor y permítete relajarte.

6. Lleva tu atención a todas las distintas partes del cuerpo. Haz algunas respiraciones cuando llegues a las manos, agradecido por toda su creatividad y asistencia.

7. Sé consciente de tus órganos, así como de tus miembros. Lleva la atención al corazón, agradecido por su increíble capacidad de no tomarse nunca un descanso y por sus latidos, que son el ritmo de tu vida. Da las gracias a tu estómago, que te proporciona sustento y vitalidad a partir de la comida que ingieres. Tus ojos te dan la oportunidad de ver este hermoso mundo, desde el azul profundo del vasto océano hasta el amor que ves reflejado en los ojos de tu pareja. Tus orejas te permiten escuchar, y así puedes ser un buen amigo; también te dan la oportunidad de oír la risa de un niño o el canto de los pájaros al alba. Gracias a tu boca eres capaz de saborear deliciosas comidas y de hablar con elegancia, compartiendo la felicidad con quienes te rodean, enseñando e inspirando a otros, aprendiendo constantemente por medio de la interacción y la conexión. Con tu nariz eres capaz de apreciar el aroma de una flor, del pan acabado de hornear, de la hierba recién cortada y del despuntar de la primavera, cuando percibes el olor de la tierra al despertarse tras el largo sueño del invierno.

8. Envía tu fuerza, tu amor y tu gratitud a todas las partes del cuerpo, especialmente si padeces algún dolor o si no estás bien.

9. En la parte final de la meditación lleva tu atención al conjunto de tu cuerpo: relájate en la sensación de hundirte en la cama o en el suelo. Envía tu agradecimiento

con cada respiración, y suavemente, en las dos últimas respiraciones, vuelve a poner la atención en cómo sube y baja el abdomen.

10. Abre los ojos lentamente. Puedes mover los dedos de los pies o estirarte con suavidad antes de levantarte. Lleva contigo tu calma y gratitud durante el resto del día.

LA VIDA ES TU MEDITACIÓN

Para ver un mundo en un grano de arena y un cielo en una flor silvestre, sostén el infinito en la palma de tu mano y la eternidad en una hora.

WILLIAM BLAKE,
AUGURIOS DE INOCENCIA

En el año 2012 fui invitado a visitar el Centro de Mindfulness de Oxford. Allí conocí a Mark Williams, quien está realizando un gran trabajo con el *mindfulness* y sus aplicaciones en la vida moderna. Está llevando a cabo una labor asombrosa a la hora de popularizar esta práctica ancestral. Mark dijo algo en particular que me llamó enseguida la atención: que aunque la mayor parte de las personas disponen del mapa, no emprenden el viaje. ¡Esta es una gran verdad! Estamos bien equipados con todo tipo de información —de hecho, creo que tenemos una «sobredosis» de información— pero no la comprendemos experimentalmente. Aprendemos mucho en los libros o en las aulas, pero no efectuamos el siguiente: vivirlo.

La vida es el mejor de todos los maestros, así que cuanto más atentos estemos a cómo pasamos por ella, a cómo la experimentamos, más ocasión tendremos de aprender y desarrollarnos. Así que si queremos traer más gozo a la vida, lo único que tenemos que hacer es mirarla un poco más de cerca; y si lo que queremos es encontrar el sentido de la vida, tan solo hemos de vivirla realmente, abrazar nuestros miedos e incertidumbres y saltar dentro de ella.

Algunas personas tienen la percepción de que si se interesan por los pequeños detalles de su día a día —por ejemplo, disfrutar de una taza de té o lavar los platos—, se podrían perder el cuadro más grande, las grandes oportunidades de ser felices. Pero desde mi punto de vista es estar lo suficientemente atentos para poder disfrutar de una taza de té lo que nos abre a las posibilidades de la vida: disfrutaremos del viaje, en vez de permitirnos solamente un atisbo de felicidad cuando lleguemos al destino.

Nos convertiremos en mejores observadores de nosotros mismos y de nuestras mentes, de modo que comenzaremos a comprender de dónde vienen la infelicidad y los sufrimientos mentales; podremos ver las raíces de nuestra impaciencia, ira y celos. Descubriremos que disponemos de mucho más tiempo, durante el día, del que creíamos disponer, pero a la vez recordaremos que la vida es corta; así pues, ¿por qué no ser felices?

Los siguientes capítulos contienen las herramientas que te ayudarán a cultivar un estado mental de felicidad; te permitirán destapar y abrazar tu auténtica naturaleza interior —una naturaleza que es hermosa, confiada, activa, comprometida y que fluye con la vida—.

Hay meditaciones de *mindfulness* que puedes poner en práctica para ayudarte a crear hábitos de felicidad. Te recuerdan que estés agradecido por todo lo que ya tienes en tu vida y que seas amable con todas tus emociones, de tal manera que puedas estar menos apegado a ellas; que compartas tu felicidad y estés presente, de modo que puedas reconectarte contigo mismo, con quienes te rodean y con el mundo.

Segunda parte

CULTIVAR UN ESTADO MENTAL FELIZ

Cuando empiezas a caminar aparece el camino.

RUMI

El Buda dijo que la compasión y la sabiduría son como las dos alas de un pájaro; es solo cuando tienes las dos, trabajando juntas, cuando puedes volar.

En términos modernos, también podemos pensar en la sabiduría y la compasión como comprensión y acción. En el núcleo de todas las enseñanzas está el objetivo de desarrollar la unión entre nuestros pensamientos, palabras y acciones. Todo empieza y es creado primero en la mente, pero si no llevamos nuestra comprensión a la acción nos olvidamos de andar nuestro camino. Los capítulos de esta parte del libro —cuya esencia resumo a continuación— nos proporcionan las herramientas que nos ayudan a conectarnos con nosotros mismos, con nuestra felicidad y con el mundo.

ELIGE LA FELICIDAD

Hay cosas en esta vida que no podemos cambiar o controlar, pero depende de nosotros si deseamos experimentar o no felicidad. Si no queremos ser más felices de lo que somos ahora, es nuestra elección, pero si pretendemos que nuestra sensación de felicidad sea más profunda, si aspiramos a convertirnos en personas más alegres, el primer paso es establecer nuestra intención y *elegir la felicidad sobre el sufrimiento*. Parece una elección sencilla, pero es fácil acostumbrarse a un sufrimiento de baja intensidad y preguntarse si vale la pena realizar el esfuerzo de ir más allá de nuestra zona de falso confort y adentrarnos en un territorio menos conocido.

SÉ AGRADECIDO

La felicidad es nuestra naturaleza. Está aquí y ahora, pero necesitamos recordarnos *percibirla* en nuestras vidas, en vez de perseguirla. La gratitud prende una luz en nuestra felicidad interior, aquieta la turbulenta superficie de nuestras mentes y nos estimula a hacer una pausa y reflexionar por un momento sobre todo lo que ya tenemos —lo que tenemos en nuestras manos listo para brindarnos una vida feliz y plena—. Es como bucear bajo las olas para descubrir la belleza del océano profundo, donde hay todo otro mundo de coral, peces y vida que no podíamos ver desde arriba. El agradecimiento nos ayuda a desarrollar otras habilidades necesarias para la felicidad, como la paciencia. Nos acordamos de sentir gozo por todas las cosas buenas que ya forman parte de nuestras vidas, en vez de envidiar a los demás o de obsesionarnos por adquirir lo que no tenemos. El agradecimiento nos ayuda a sacar el máximo jugo del día de hoy y a preocuparnos menos por el mañana.

PARA SER FELIZ, LIBERA TU MENTE

Nacimos con una imaginación ilimitada, pero con el tiempo construimos una red de creencias y opiniones que se convierten en filtros a través de los cuales vemos y coloreamos el mundo. Imponemos condiciones y restricciones a la felicidad, creyendo que se trata de un recurso limitado, y de esta manera acabamos limitando nuestro propio potencial, poniéndonos a nosotros mismos y a los demás tal o cual etiqueta. Este es el trabajo del ego, al que le gusta encajarlo todo. Nos apegamos tanto a nuestro sentido de identidad que nuestras mentes van empequeñeciéndose y volviéndose inflexibles, y en vez de adaptarnos a las situaciones o a la gente tendemos a padecer irritación, impaciencia e incluso ira. En el momento en que podemos aflojar un poco y comprender que siempre existe la posibilidad de cambiar permitimos que nuestras mentes se abran y dejen entrar mucha más felicidad en ellas.

CAMBIA TUS HÁBITOS MENTALES

Nuestras percepciones conforman nuestra realidad. Es con nuestras mentes con lo que creamos nuestro mundo y nuestro lugar en él. Nos hemos acostumbrado a verlo todo a nuestra manera, y realmente no nos gusta que las personas o las circunstancias no se adapten a nuestra visión de cómo deberían ser las cosas. Creemos que los demás nos están haciendo infelices o que lo que nos ocurre acaba con nuestras posibilidades de ser felices, pero si nos concedemos la oportunidad de reflexionar, podemos comenzar a observar nuestras mentes y ver cómo funcionan. Una vez que empezamos a comprender que nuestros pensamientos dan forma a nuestro sentido de la realidad podemos apreciar cómo el potencial para la transformación tiene su origen en la manera como pensamos sobre la vida y en lo que vamos a hacer hoy para construir un mejor mañana.

ABRAZA TUS MIEDOS

Por más que intentemos agarrarnos a la orilla de la seguridad la vida es, por su misma naturaleza, una gran desconocida. No sabemos qué es lo próximo que va a pasar, y esto puede sembrar la semilla del miedo en nuestras mentes. Del mismo modo, nuestro dolor y sufrimiento del pasado pueden influir en cómo pensamos sobre el futuro: si las cosas han ido mal antes podemos esperar que vayan mal de nuevo. A medida que practicamos elegir la felicidad, liberar nuestras mentes para ser felices, verlo todo de un modo distinto y apreciar cada día de nuestras vidas, podemos ver nuestros miedos e incertidumbres desde otro ángulo. Vamos viendo que donde hay miedo hay vida y que donde hay incertidumbre hay cosas que nos sorprenden y nos deleitan.

SÉ AMABLE CON TODAS TUS EMOCIONES

La vida está llena de altibajos y nuestras emociones son nuestros postes indicadores. No debemos ocultarlas, especialmente si queremos comprender emociones tan difíciles como la ira o los celos, y debemos trabajar sobre nosotros mismos con el fin de experimentar estos estados negativos menos a menudo. Tenemos que hacernos amigos de todas nuestras emociones, tanto las positivas como las negativas, de tal modo que podamos empezar a ver de dónde vienen o cómo se desencadenan. Cuanto más amables seamos con las emociones incluso más dolorosas, más fácilmente podremos soltarlas. Al practicar las herramientas de la paciencia, el agradecimiento, la comprensión de la naturaleza del cambio y la aceptación, encontraremos gradualmente que nuestras emociones pueden volverse más amables con nosotros. A medida que nos convertimos en mejores observadores de nuestras mentes por medio de la meditación y el *mindfulness* diario, podemos sentir que la quemazón de la ira se disuelve incluso antes de que se haya prendido el fuego.

DEJA DE COMPARAR

Vivimos en una época de competición y comparación. Así como la competición es una manera de llegar más alto, también hace que prospere en nuestras mentes la idea de que hay ganadores y perdedores. Esto nos genera ansiedad por el nivel en el que nos encontramos en la escalera imaginaria del éxito, por los logros e incluso por la felicidad, en relación con los demás. En lugar de estar felices por el éxito o la felicidad de otras personas, las miramos con celos y envidia; o, si somos nosotros quienes tenemos mucho éxito, nos llenamos de orgullo y miramos a los demás desde un nivel supuestamente superior. Este capítulo está dedicado a que dejemos a un lado todas nuestras comparaciones, chismorreos y juicios sobre los demás, mientras nos centramos en ser fieles a nosotros mismos, sin necesidad de recibir elogios ni de culpar a los otros.

ESTABLECE CONEXIONES SIGNIFICATIVAS

Es cuando interaccionamos con el mundo y establecemos relaciones, nos abrimos a la oportunidad de dar y recibir felicidad, inspiración, enseñanzas, bondad y amor. Cuanto más fomentemos nuestras relaciones con el mundo, más belleza veremos en la vida. Nuestros contactos nos nutren y apoyan cuando los necesitamos; además nos proporcionan ideas, experiencias y momentos maravillosos. Debemos aprender a escuchar, a cultivar nuestra paciencia, a ser estudiantes de la vida y a no temer nunca el contacto con los demás.

PERMITE QUE SE TE ROMPA EL CORAZÓN

Con el fin de experimentar todas nuestras emociones plenamente, incluso para permitir que se nos parta el corazón, debemos autorizarnos a ser vulnerables y por tanto a experimentar verdaderamente la vida. Es solo comprendiendo el sufrimiento como comprendemos realmente la felicidad.

DA TODA TU ATENCIÓN AL DÍA DE HOY

La mejor manera de ser feliz es seguir adelante y ser feliz hoy. No lo pospongas. No esperes que todas las condiciones sean perfectas. No dejes que la lluvia te desanime... Trae tu mente y tu cuerpo al momento presente y experimenta tu día plenamente. Desconecta el piloto automático y percibe los detalles. Aprovecha todas las cosas buenas y si hay algo que te gustaría cambiar en tu vida, empieza poco a poco, pero empieza hoy.

No hay ningún tiempo más que el presente para ser feliz.

5

Elige la felicidad

Cuando la noche se vuelva más oscura, cuando la injusticia pese mucho en nuestros corazones o cuando nuestros mejores planes parezcan fuera de nuestro alcance, pensemos en Madiba y en las palabras que le trajeron consuelo entre las cuatro paredes de una celda: «No importa lo estrecha que sea la puerta ni lo cargada de castigos que sea la sentencia; soy el dueño de mi destino, el capitán de mi alma».

BARACK OBAMA en el funeral de NELSON MANDELA

Tal como creía Mandela, incluso dentro de los confines de las paredes de la celda de una cárcel somos los dueños de nuestro propio destino, porque somos los dueños de nuestras propias mentes. Sean cuales sean los obstáculos que se interpongan en nuestro camino, nuestra naturaleza permanece constante. Podemos nutrir nuestra esencia y nuestra fuerza en los buenos tiempos y recurrir a ellas cuando necesitemos ayuda.

Elegir la felicidad es como darle al interruptor de la luz: iluminas todas las cosas de la vida por las que puedes estar agradecido. Puedes sentir que no tienes elección en muchos aspectos de tu vida, pero la cantidad de elecciones y oportunidades disponibles hoy puede ser abrumadora. Con tantas decisiones que llevar a cabo, a veces puedes olvidar que también eliges si ser o no feliz. Tal vez quedes tan atrapado en tus preocupaciones acerca de si llevarás a cabo las elecciones correctas o incorrectas que vas postergando la toma de decisiones, refugiándote en la comodidad del statu quo establecido, tanto si te gusta mucho como si no.

En realidad, lo único que se interpone en el camino de tu felicidad eres tú mismo; lo único que te detiene es tu mente. Y es también tu mente la que puede ayudarte a ver tu felicidad, a dejarla que coloree tu día y tu vida. Pero, al igual que tu cuerpo, tu mente necesita un buen entrenamiento para estar en forma y ser flexible, para soltar la tensión de la irritación y la impaciencia. Necesitas darte el espacio en el que mirar tu mente de manera abierta y honesta y estar dispuesto a soltar tu sufrimiento, tus viejos resentimientos y tu ansiedad en cuanto al futuro. Ninguna de estas emociones te está haciendo ningún favor, pero te son tan familiares que casi puedes sentirte cómodo con ellas, puesto que si eliminas tus barreras, ¿quién sabe lo que podría suceder? ¡Podría estar esperándote un dolor o un fracaso todavía más grande!, así que no sabes si vale la pena correr el riesgo.

A las personas les resulta difícil soltar su sufrimiento.
Temerosas de lo desconocido, prefieren sufrir
aquello con lo que están familiarizadas.

THICH NHAT HANH

Elegir la felicidad hoy no nos da garantías respecto a lo que sucederá mañana. Pero, de hecho, ninguno de nuestros mecanismos de seguridad nos da garantías; todo lo que hacen es limitarnos e impedirnos vivir realmente. Si empezamos a cuidar de nuestras mentes y a permitirnos *ser nosotros mismos*, sin embargo, tendremos la fuerza y la flexibilidad necesarias para elegir la felicidad, incluso aunque aceptemos que la vida está llena de altibajos. Esto es realmente vivir. Y cuando somos auténticos, la felicidad brilla en nosotros, tanto si hoy es un día lluvioso como si nuestro jefe nos ignora o si nos enfadamos con alguien. Cuanto más optamos por la felicidad, más fuerza y valor desarrollamos para cuando lleguen esas épocas en las que caemos de rodillas a causa de la pena, la tristeza o el dolor; cuanto más escogemos la felicidad, más claras son nuestras intenciones: empezamos a conocer el sentido de nuestras vidas y percibimos los detalles; y, en vez de dar tantas cosas por sentadas y de querer más y más, somos capaces de detenernos y ver la belleza en todo lo que tenemos.

El hombre es completamente responsable de su naturaleza y de sus elecciones.

Jean-Paul Sartre

Tienes la oportunidad de afirmar lo que es importante en tu vida, lo que te aporta felicidad, y depende de ti elegir hacer estas cosas y estar con estas personas más a diario. Tal vez temas que, si optas por la felicidad hoy, pueda serte arrebatada mañana, pero la elección es siempre tuya, porque tu felicidad solo depende de ti.

Nuestra inflexibilidad, el miedo a salir de nuestras zonas de confort y el hábito de darnos excusas ridículas pueden ser las principales razones de nuestra infelicidad y de nuestros fracasos. Mi deseo es ayudar a quienes estén en contacto conmigo a liberarse de todos estos conceptos absurdos y a ser libres. No puedes hacer felices a los demás si no eres feliz. Y ser o no feliz depende completamente de ti. ¡Tú eres tu propio jefe!

Encontrar la felicidad dentro

En el caso de Kirsty fue una mezcla de experiencia y contemplación (meditación en acción) lo que la llevó a darse cuenta de que podía dejar de perseguir la felicidad y descubrirla dentro:

Recuerdo que a los dieciséis años escribí sobre budismo para un trabajo escolar. Me pusieron la nota más alta que jamás había obtenido en clase de religión. Había algo en las palabras y las enseñanzas del Buda que me llegaba al fondo del corazón y la mente; tal vez era porque las palabras eran tan liberadoras por lo que obtuve la máxima puntuación.

Muchos años después, cuando escuché las enseñanzas impartidas por su santidad el Gyalwang Drukpa, me di cuenta de que había estado buscando la curación y la felicidad fuera de mí misma durante mucho tiempo. Había probado con muchas cosas en mi búsqueda espiritual y personal. Por ejemplo, había practicado yoga y *chi kung*, y había dejado de consumir carne, cafeína, vino y demás sustancias perjudiciales. Buscaba la felicidad en el amor y en el traslado a nuevos lugares donde vivir. Pero todo el rato estaba intentando llenar un vacío con cosas externas a mí, cuando todo lo que necesitaba lo tenía dentro.

Cuando estaba allí sentada escuchando las enseñanzas y la sabiduría de esta vieja filosofía, tuve el primer atisbo de comprensión que me abrió la mente a una verdad alternativa sobre la realidad. Sentí que estaba empezando a saber algo sobre la naturaleza de la mente y su poder para ayudar y sanar. Había estado buscando fuera y todo lo que tenía que hacer era encontrar al Buda dentro. Ahora, diez años más tarde, soy mucho más consciente de cómo mi mente crea mi realidad, de modo que cuando me enfrento con la pérdida, la tristeza, el dolor y el sufrimiento, uso las herramientas de las enseñanzas y esta amable filosofía espiritual para situarme en el más seguro y agradable de los estados en los que uno podría descansar.

Por supuesto, el proceso de intentar practicar el perdón, la compasión, la paciencia y todas estas cosas es una sabiduría que implica un aprendizaje diario continuo. Pero cuanto más lo hago, llevando mis intenciones a la práctica, más lo disfruto; es una continua meditación en medio de la acción.

¿CÓMO MIRAS EL MUNDO?

No llores porque se haya acabado. Sonríe porque tuvo lugar.

DOCTOR SEUSS

No negaré que todos tenemos tendencias de personalidad: algunos de nosotros nos inclinamos a ser más aventureros que otros, más optimistas o más temerosos. Pero si lo dejamos ahí nos estamos haciendo un muy flaco favor. Porque por más que hayamos heredado nuestro sentido del yo de nuestros padres, o se nos haya grabado cuando éramos niños, y después de nuevo con las experiencias de la vida, también creo que cuando permitimos que nuestras mentes accedan a ese lugar situado bajo la superficie de la herencia o de las experiencias, tenemos la posibilidad de *ser nuestra naturaleza*.

Muchas personas se autodescartan para la felicidad, en mayor o menor medida, al definirse como «generalmente pesimistas»; estas personas consideran que si esperan lo peor, tal vez la realidad les traerá alguna sorpresa agradable de vez en cuando. Una mujer que conocí en Londres me contó una pequeña historia que ilustra perfectamente esto. Se hallaba visitando uno de los maravillosos museos londinenses con una buena amiga. Ya estaban por salir, tras haber pasado un rato muy agradable, cuando vio una increíble escultura de cristal colgando bajo el espacio circular que constituía la recepción del museo.

—¡Hala, mira esto! —exclamó, señalando la escultura.

La amiga replicó de inmediato:

—¡No me gustaría pasar por debajo de eso! Si cayera, moriríamos al instante.

Las dos mujeres se miraron y echaron a reír. La amiga tenía el suficiente sentido del humor y la suficiente agudeza para ver inmediatamente lo que había hecho:

—¡Oh, cielos! —dijo—, esta situación resume nuestras actitudes: ¡tú estás ahí maravillándote con una obra de arte y yo veo enseguida el desastre potencial!

El primer paso hacia cualquier cambio es ser conscientes de la necesidad o el deseo de que tenga lugar. Al comprender que ambas habían visto exactamente lo mismo desde distintas perspectivas, la amiga de la mujer dio un gran paso hacia la conciencia del poder de la mente. Y aunque puede ser que no nos hagamos dueños de nuestras mentes de la noche a la mañana, sí que es posible usar estos momentos de conciencia como una base para entrenar la mente para que empiece a ver las cosas de otra manera, para que *elija* otro punto de vista.

Es muy importante que nos despertemos del consuelo que percibimos en el pensamiento pesimista o negativo y que reconozcamos que esta manera de pensar obedece a una elección, en vez de encogernos de hombros al respecto y considerar que no tenemos remedio puesto que «somos así». Si elegimos limitar nuestros sueños, acabamos viviendo en un estado permanente de decepción y remordimientos. Si no le damos a nuestra valentía la opción de mostrarse, no nos permitimos florecer y dar saltos de fe. Y al permanecer en el nivel de nuestras vidas cotidianas no nos damos la oportunidad de ver la belleza que nos rodea, sino que nos centramos en los peligros potenciales. Desde luego, cuando elegimos levantar la mirada y ver el cielo, los árboles y las sonrisas de los demás en lugar de andar todo el rato atentos a las grietas del pavimento, ocasionalmente podemos tropezar y sentirnos un poco tontos. Pero cuando elegimos la felicidad también podemos reírnos de nosotros mismos, incluso si nos caemos sobre las posaderas. Como dice Oprah Winfrey: «Así pues, sigue adelante. Cáete. El mundo se ve distinto desde el suelo».

RELÁJATE EN TU NATURALEZA

Me han dicho que en Estados Unidos los índices de felicidad están disminuyendo, a pesar de que se trata de uno de los países más ricos del planeta. La cantidad de gente que se define como optimista ha descendido en una cuarta parte, mientras que la riqueza ha aumentado. Esto muestra hasta qué punto puede cambiar la mente de las personas: es fácil creer que nacemos optimistas o pesimistas, pero esta tendencia muestra cómo es posible cambiar de lo uno a lo otro. Tristemente, en Estados Unidos más personas han adoptado una perspectiva cada vez más negativa, pero por fortuna la ciencia está descubriendo que prácticas como la meditación pueden ayudar a la gente a adoptar una visión más positiva. Creo que si las personas pueden dejar de mirar fuera, a aquello que no controlan, para ser felices, y en vez de eso se dan cuenta de que todas las condiciones están presentes en su interior, pueden ser optimistas incluso aunque los tiempos sean un poco más difíciles.

Por supuesto, la vida está llena de altibajos. Para la mayoría de nosotros es un camino sinuoso y accidentado, que depara tanto momentos buenos como otros que son tristes o desafiantes. Pero tal vez es posible permanecer firmes en la base, como un árbol que tiene las raíces fuertes, aunque a la vez es capaz de doblarse y ser flexible aunque soplen vientos muy intensos. ¿Podemos andar por el camino del medio, el del equilibrio, de tal manera que seamos capaces de comprender lo maravillosa que es esta vida, tanto si las cosas nos están yendo bien externamente como si las circunstancias no son tan favorables?

Confianza renovada

He tenido el placer de conocer a la familia de Suman desde hace muchos años. Me he sentido muy apoyado por ellos de muchas maneras. Cuando Suman perdió el rumbo unos años atrás, fue un privilegio para mí ofrecerle orientación mientras encontraba su propia manera de retomar su camino:

Soy natural de la India, y mi madre era sij y mi padre hindú. Vivía con los padres de mi padre. A menudo me llevaban tanto a templos sij como hindúes, de modo que la religión fue para mí una forma de vida desde muy joven. Y después apareció este maestro budista. Recuerdo que Su Santidad y sus padres venían a efectuar estancias con nosotros desde que yo era un niño y que me sentía muy feliz de tenerlos por allí. Una de las mayores lecciones para mí fue observar el respeto que había entre Su Santidad y sus padres. Su padre era también un rimpoché y un gran maestro, y su madre era el amor y la compasión personificados. Espero que la manera en la que cuida de sus padres se me haya contagiado subconscientemente.

Con el paso del tiempo empecé a luchar con mi motivación. Mis padres habían obtenido el éxito y yo me había vuelto muy perezoso. Trabajaba en una compañía petrolera con un muy buen salario, pero me sentía triste por dentro y quería dejar de trabajar. Me sumí en una depresión y los doctores me prescribieron medicación, pero no funcionaba. Me encontraba en un punto muerto; padecía insomnio y no podía ver la salida.

Afortunadamente fui a ver a Su Santidad. Me dio una meditación concreta para que la practicara y me dijo que no tomara ninguna píldora esa noche. Su total confianza en mí me dio la seguridad en mí mismo que necesitaba, de modo que medité y, por primera vez en meses, dormí profundamente. También hablamos sobre cómo había perdido mi motivación para trabajar y Su Santidad me ayudó a ver las cosas desde una perspectiva totalmente distinta. Me dijo que si no quería ese dinero para mí mismo, ¿por qué no lo ganaba para las monjas? ¡Me explicó que cómo iba a ayudarle si me limitaba a sentarme por ahí! De pronto me di cuenta de que el dinero no es malo en sí mismo; es tu relación con él la que puede ser positiva o negativa. Dependía completamente de mí cómo elegía ver el dinero y advertir o no el bien que podía hacer con la intención y la motivación correctas. Su Santidad no hizo más que arrojar luz sobre el hecho de que me era posible elegir. Siempre hay una elección.

En ese momento comprendí lo que significa el respeto mutuo. Su Santidad me mostró que confiaba en mi naturaleza; que, a pesar de que me hubiera hundido en las profundidades de una depresión mental, había en mí una fuerza interior que seguía estando ahí. Yo tan solo había olvidado la existencia de esta fuerza interior, de manera que necesitaba un poco de ayuda para regresar a la normalidad. Su Santidad no pide nada a cambio, pero mi respeto por él se volvió mucho más profundo durante este intercambio. Su confianza en mí y su extrema compasión estimularon mi confianza en él y me inspiraron una renovada confianza en mí mismo.

🪷 LA MEDITACIÓN DE LA INTENCIÓN

En el budismo tenemos una oración para formular aspiraciones y deseos. En coherencia con las enseñanzas, es algo en lo que pensamos para ayudarnos a desarrollarnos y vivir el *dharma*, que es lo mismo que decir *vivir la vida*. Se trata de mirar dentro de nuestros corazones, encontrar la inspiración y generar la motivación necesaria para convertir nuestros deseos —o pensamientos— en acciones. En otras palabras, primero necesitamos tener la aspiración y después comprometernos, de forma que podamos poner nuestra intención en lo que hacemos. De esta manera unificamos nuestros pensamientos, palabras y acciones; unificamos nuestras mentes, corazones y cuerpos. Y todo empieza con la mente, la creadora de todo.

En la pequeña meditación que presento a continuación, sin embargo, lo hacemos muy sencillo: nos limitamos a tomarnos unos pocos minutos para determinar nuestra intención y generar nuestra motivación. Es como encender el ordenador al comienzo de la mañana.

1. Puedes sentarte en la postura de meditación descrita en el capítulo 4 o bien sentarte cómodamente en una silla.

2. Trae tu atención al presente por medio de la práctica de la meditación en la respiración (capítulo 4) durante un par de minutos.

3. Ahora lleva tus pensamientos a las personas que forman parte de tu vida, tanto aquellas que te apoyan y velan por ti como aquellas que son más difíciles. Ahora céntrate en tu amor y compasión por todas las personas que hay en tu vida, así como por todas aquellas con las que puedes entrar en contacto hoy.

4. Concéntrate en la intención de que todos los pensamientos que tengas, las palabras que pronuncies y las acciones que realices en el día de hoy supongan una ayuda para los

demás, que los inspiren o les enseñen algo. Ten también la intención de mostrarte paciente y comprensivo.

5. Ahora céntrate en la intención de que hoy darás lo mejor de ti mismo en cualquier tarea o interacción que lleves a cabo.

Te puede ser de ayuda leer las siguientes frases, que son un mantra; tras leerlas, cierra los ojos, acude a tu mente y concéntrate en lo que significan para ti:

> Que pueda establecer la intención de ser considerado hacia las personas de mi alrededor y ayudarlas —mis seres queridos, mis compañeros y todas las personas con las que interactúe durante el día.

> Estamos todos en el mismo barco. Todos esperamos ser felices y vernos libres del sufrimiento. Cualesquiera que sean nuestras diferencias, también somos iguales.

> Hoy voy a dar lo mejor de mí.

LA LIBERTAD A TRAVÉS DE LA DISCIPLINA

La felicidad es una elección que a veces requiere esfuerzo.

Esquilo

Asentar un nuevo hábito o práctica, como la meditación o la atención plena, requiere paciencia y disciplina. Precisa el compromiso de cambiar porque sabemos que valdrá la pena. Cualquier tipo de acción que requiera disciplina es difícil al principio, puesto que nuestras mentes son expertas en resistirse y crear muchas excusas por las que no deberíamos molestarnos en cambiar. Pero nunca temas cambiar; llevar a cabo un cambio es estar inspirado. No temas aprender, mejorar, porque si alimentas tu inspiración, inspirarás asimismo a los demás, y esto es un gran regalo. Cuando estamos inspirados, nos volvemos mucho más conscientes; podemos ser espontáneos y tomar decisiones con rapidez y audacia.

En sánscrito, la palabra para *disciplina* es *shila*, que significa 'enfriar'. Cuando tu mente o tus emociones están muy «calientes», la disciplina es como un ventilador que te enfría y te relaja. Conoces esta sensación cuando tú (o, en otras palabras, tu mente) estás perdiendo el control y sabes que para ayudarte a ti mismo necesitas disciplina. Por ejemplo, si sabes que has adquirido la costumbre de comer demasiado y que a causa de ello estás engordando, lo que antes era un placer deja de ser una fuente de felicidad; se convierte en un ansia o incluso en una fuente de emociones negativas, como la culpa. Entonces necesitas auténtica disciplina para romper el hábito, de manera que puedas adelgazar y mejorar tu salud.

A menudo, cuando decides por primera vez hacer un cambio, es muy duro y nada placentero. Pero si puedes seguir adelante, recordándote tu intención y encontrando maneras de motivarte e inspirarte, llegarás a un punto en el que la disciplina será como *shila*: experimentarás una frescura en la mente, un momento de auténtica comprensión, cuando sepas que estás haciendo algo que es bueno para ti y realmente lo sientas en el corazón, además de saberlo con la mente.

Por eso es tan importante cuidar de la mente. Es imposible llevar a cabo un cambio —como comer de un modo más saludable, por ejemplo— si no nos ocupamos también de lo que está sucediendo en nuestros pensamientos, si no los exploramos de tal manera que podamos descubrir lo que nos inspira verdaderamente a cambiar. Es difícil llevar las intenciones a la práctica si no tenemos la mentalidad adecuada. De modo que recordémonos el don tan grande que es la vida para nosotros. Preguntémonos: ¿por qué hacemos que nuestro cuerpo y nuestra mente enfermen al ingerir tantas cosas que no son buenas para nosotros? Démonos cuenta de lo afortunados que somos de poder comer cada día y recordemos que tenemos la oportunidad de tomar alimentos que nutran nuestros cuerpos, así como de hacer ejercicio, el cual incrementará nuestra fuerza y mejorará nuestra condición física. Y cuando combinamos una buena actitud con la acción saludable, la suma es incluso mayor que las partes, puesto que una refuerza a la otra.

Así pues, la felicidad nace de una actitud saludable. Comencemos a entender que la felicidad no depende de los factores externos y que nuestras mentes tienen la llave para destapar lo que hay dentro de ellas. Milarepa, poeta y santo tibetano, dijo: «Mi religión es vivir —y morir— sin remordimientos». Creo que estas pocas palabras contienen la aspiración de todos nosotros: vivir bien nuestras vidas, ser valientes, aprovechar nuestro tiempo al máximo y ser felices.

¡ACUÉRDATE DE ELEGIR LA FELICIDAD!

- La única persona que puede elegir si eres feliz eres tú.
- Siempre puedes elegir la felicidad, porque la felicidad es tu naturaleza.
- Al optar por la felicidad desarrollas resistencia para los momentos de tu vida en que caigas de rodillas.
- ¿Cómo te gustaría ver el mundo? Depende de ti.
- No temas caerte; basta con que sepas que tienes el valor de levantarte cuando te caigas.
- Establece tu intención cada día.

UN ACTO DE FELICIDAD AL AZAR

Sonríe a un transeúnte. Una sonrisa cambia toda tu cara, tu postura y tu actitud. Incluso es contagiosa: cuando el cerebro ve una sonrisa, no podemos dejar de querer devolverla. Sonreír es como un interruptor de la felicidad para la mente: tiene el poder de evaporar un mal estado de ánimo en un instante.

6

Sé agradecido

*Sujeta a tantas desgracias, la vida es incluso más
impermanente que una burbuja que el viento amenaza
con hacer estallar. Así pues, ¡qué extraordinario es
inspirar tras espirar!, despertar tras haber dormido.*

SUHLLEKHA

Permanecemos ocupados quejándonos, sintiéndonos infelices y buscando excusas para disgustarnos o enfadarnos con nuestras circunstancias y con las personas que nos rodean, y aun así esperamos ser felices. Pero si nuestras mentes solo están buscando problemas, ¿cómo podemos estar? Si nos faltan la gratitud y el aprecio, perderemos el camino a la felicidad.

¿QUÉ ESTÁ YENDO BIEN EN TU VIDA?

*La felicidad siempre aparenta ser muy escuálida en
comparación con las sobrecompensaciones de las desdichas.
Y, por supuesto, la estabilidad no es tan espectacular como
la inestabilidad. Estando satisfecha, no tiene nada del*

glamour de un buen combate contra el infortunio; no tiene el atractivo de la lucha contra la tentación ni de la caída fatal por la pasión o la duda. La felicidad nunca es grandiosa.

ALDOUS HUXLEY, *UN MUNDO FELIZ*

Las personas tienden a centrarse en lo que está yendo mal en sus vidas, en vez de darse la oportunidad de fijarse en lo que les está yendo bien. Es cierto que podemos aprender lecciones muy útiles de cosas que ocurren que describiríamos como errores. Y aprender estas lecciones nos permite desarrollar nuestras habilidades, nuestra compasión y la capacidad de ver las cosas desde puntos de vista alternativos. Sin embargo, creo que a veces olvidamos que hay grandes lecciones por aprender de las facetas de la vida que nos llenan de gozo. El solo hecho de arrojar luz sobre estos buenos sentimientos los estimula a crecer y afectar al resto de nuestra vida, o al menos al resto de nuestro día.

¿Por qué no celebrar lo que hacemos bien y mejorar en ello? No podemos ser buenos en todo, y aunque no es mala idea retarnos a nosotros mismos y buscar nuevas áreas en las que aprender, también podemos perfeccionar las habilidades con las que hemos sido bendecidos. Al fin y al cabo, después se convierten en dones con los que podemos mejorar la vida de otras personas de alguna manera. Cuando nos sentimos muy integrados en algo —sea nuestro trabajo, nuestra relación de pareja o cualquier otro aspecto de la vida—, no necesitamos gastar tanto tiempo buscando la felicidad a la vuelta de la próxima esquina, puesto que la hallamos en nuestra satisfacción y relajada confianza. Cuando volvemos a la simplicidad de hacer algo bien, tenemos la suerte de recordar la esencia de la vida.

Parece que encontramos mucho más sencillo creer en el lado negativo de las cosas —aquí es donde nuestra convicción se muestra más fuerte— que en todo lo bueno. Pero con el fin de invertir positivamente esta tendencia empecemos por pensar que podemos experimentar la felicidad, el gozo y la paz, todas las grandes cualidades. Es posible vernos libres del miedo si queremos.

Podemos despertarnos por la mañana y pensar durante algunos momentos en las personas queridas que forman parte de nuestras vidas, en el hecho de que tenemos un techo sobre nuestras cabezas, una taza de té a primera hora y los ingredientes para un buen desayuno en nuestras alacenas. Pensemos después en aquello que podemos estar agradecidos de *no* tener hoy: ninguna enfermedad, por ejemplo, si gozamos de buena salud; ceguera, si podemos ver; falta de vivienda, si tenemos una. Esta manera de pensar ayuda no solo a que la felicidad asome a la superficie, sino también a sintonizar nuestra conciencia. A medida que entrenamos nuestras mentes a considerar los elementos de nuestras vidas que nos hacen querer decir «gracias», empezamos a percibirlos más y a dar menos cosas por sentadas. El otro beneficio es que al practicar esta manera de pensar también favorecemos el desarrollo de nuestra compasión por los demás; somos capaces de reconocer el sufrimiento y tenemos la fuerza de mirarlo directamente, de tal manera que podemos tener incluso la motivación de ayudar a quienes lo necesiten.

El agradecimiento, un reconstituyente

Desde que escuché a su eminencia el Gyalwa Dokhampa (un hijo espiritual de su santidad el Gyalwang Drukpa), he escrito mis agradecimientos cada día, lo cual me ha sido muy útil para estimular en mí una mentalidad positiva. He estado malucha, con mucha tos e infección de oído, y mi marido ha estado luchando para caminar con un tobillo dolorido. Nos sentimos como un par de almas viejas, pero el hecho de tomarnos un tiempo cada día para recordar todas las cosas hermosas presentes en nuestras vidas ha sido como tomar un reconstituyente.

TRABAJA EN TUS PUNTOS FUERTES

No temas que el agradecimiento por lo que forma parte de tu vida en este momento detenga de alguna manera tus luchas o ambiciones. Estar satisfecho y agradecido no tiene que confundirse con ser autocomplaciente. Si puedes conservar la gratitud en tu corazón y en tu mente, puedes empezar a vivir en el presente, en vez de anhelar los buenos días del pasado o posponer la felicidad como algo que solo te permitirás como recompensa por haber logrado el cumplimiento de algún objetivo o deseo excepcional. Continúa marcándote objetivos y luchando pero permítete también reconocer lo positivo que está presente en tu vida en este mismo momento, hoy. Cuanto más trabajes en tus puntos fuertes, mayor será la contribución que harás al mundo y a todas las personas que te rodean. Al llevar a cabo este cambio de mentalidad estás nutriendo estas cosas buenas —tus relaciones afectuosas, por ejemplo—, que empiezan a florecer de maneras incluso más hermosas.

Aun los que se encuentran un poco más del lado pesimista que del optimista de la balanza, pueden comenzar a ver lo que tienen delante con agradecimiento, en vez de gastar tantos pensamientos en preocuparse por aspectos del futuro.

Del mismo modo, si eres alguien muy optimista pero te encuentras corriendo siempre hacia el próximo proyecto, o si eres tan impaciente que no puedes esperar llegar al siguiente recodo del camino, puedes usar este sentimiento de apreciar tu vida en este preciso instante para volverte a conectar con el momento presente, de manera que puedas disfrutar del día de hoy tanto como de tus pensamientos relativos al mañana.

DEJA DE LADO TUS QUEJAS

> *Al hombre solo le gusta contabilizar sus desgracias; no calcula su felicidad.*
>
> FIODOR DOSTOYEVSKI,
> MEMORIAS DEL SUBSUELO

Cuando estamos agradecidos por cada día, somos capaces de soltar nuestras ideas de perfección, es decir, los «si...»: «Este regalo que me hizo mi marido por mi cumpleaños es precioso, pero si hubiese pensado en llevarme a cenar fuera...»; «Este trabajo es desafiante y emocionante; si mi jefe no fuese tan temperamental, podría realmente disfrutarlo»...

A veces pienso que nos complicamos mucho la vida. Buscamos la felicidad o la inspiración por el camino largo cuando ya se encuentra aquí, con nosotros, todo el tiempo. Aunque puedo ver por qué ocurre esto. Basta con que pongas el telediario para que pienses que no ocurre nada bueno en el mundo; todo lo que ves y oyes son noticias malas, tristes y violentas. Después empiezas a creer que la única manera de obtener un poco de atención es actuar como un rey o una reina del drama; entonces puede ser que te descubras diciendo cosas como esta: «¿Crees que tu día fue malo? Escucha el mío». ¡Piensa cómo podría aumentar tu felicidad si desterraras todas las quejas de tu mente, al menos durante unos pocos minutos al día!

En mis viajes me he encontrado con mucha gente que me ha dado increíbles lecciones en cuanto a apreciar cada día. Personas que inicialmente se sienten desoladas por el diagnóstico de una enfermedad seria a menudo se desprenden de todas sus pequeñas quejas y ven el don de la vida con una nueva claridad. Puede sonar mórbido, pero cuando aceptamos plenamente la certeza de la muerte, apreciamos realmente la vida. Por eso las enseñanzas budistas animan a reflexionar sobre la muerte, en vez de ocultarla entre los recovecos de la mente. Si no aceptamos hoy que podríamos morir en cualquier momento, ¿cómo vamos realmente a vivir? En lugar de temer a la muerte, podemos usar la certeza de ella para inspirarnos a quitar todas las condiciones que le ponemos a la felicidad. No hay ninguna necesidad de posponer la felicidad; puedes permitir que esté hoy mismo en tu mente y en tu corazón.

A continuación reproduzco un extracto de mi propio diario, referido al Eco Pad Yatra de Sri Lanka, un país desgarrado por la guerra pero en el que encontramos alegría y aprecio a cada paso del camino. Los Eco Pad Yatras son peregrinaciones a pie que organizamos cada año con centenares de monjas, monjes y otros participantes, de manera que tenemos la oportunidad de visitar aldeas remotas mientras recogemos todos los residuos plásticos que encontramos a lo largo del camino.

Además de la cálida hospitalidad que recibimos durante nuestra caminata de un mes desde el sur hasta el norte de Sri

Lanka, nos motivaba ser testigos de la posible armonía entre distintas religiones y razas. Siempre que pasábamos por bolsas de población hindúes o musulmanas se nos ofrecía refugio, comida, bebidas y oraciones. Éramos centenares de personas y nadie nos salió al paso con el semblante irritado por donde fuera que pasáramos —pueblos, aldeas o lugares sagrados—. En el caso de un país que había estado sumido durante tres décadas en una guerra violenta me era muy difícil creer que la gente pudiera seguir con su vida sonriendo y perdonando. Anduvimos desde el sur hasta el norte, y no habría sido fácil para el Gobierno ni para la gente ocultarnos ningún acontecimiento negativo. Éramos libres de interaccionar con todo el mundo. Pregunté a muchas personas cómo eran capaces de mantenerse libres del dolor después de todo por lo que habían pasado. La mayor parte de ellas habían dado crédito a los monjes budistas que les habían enseñado acerca del karma, el agradecimiento, la tolerancia y el perdón. Sé que muchos de mis amigos y estudiantes tienen dudas con respecto a las enseñanzas, especialmente en lo concerniente al karma, pero todos nosotros pudimos ver en Sri Lanka lo importante que era el *dharma* para esa gente que llevaba treinta años padeciendo la guerra. Los padres tenían que decirles a sus hijos cada mañana, antes de salir a trabajar, que podrían no regresar —puesto que podían morir en atentados terroristas—. Les decían que tenían que seguir las enseñanzas del Buda y continuar viviendo con amor, paciencia y comprensión, porque llegaría un tiempo en que el karma negativo se agotaría y la paz prevalecería de nuevo. Este es el efecto de poner en práctica el *dharma*.

*Con los ojos aquietados por el poder de la armonía y el profundo
poder de la alegría vemos dentro de la vida de las cosas.*

WILLIAM WORDSWORTH

 ## MEDITACIÓN DE DAR LAS GRACIAS

En Estados Unidos la fiesta del Día de Acción de Gracias es tan significativa como la Navidad, incluso tal vez más, y es celebrada por muchas fes y comunidades. Ser agradecido es realmente la mejor herramienta de la que disponemos para traer la felicidad a la superficie de nuestras mentes. Así pues, no esperes un determinado día del año para estar agradecido; concédete unos cuantos minutos cada día para recordarte las cosas de tu vida por las que puedes dar las gracias.

Cada mañana, cuando te despiertes, dedica unos momentos a pensar en todo aquello que tienes en tu vida por lo que deberías sentirte bien:

> - Piensa en las personas más cercanas a ti.
> - Piensa en tu cuerpo y agradece la presencia de tus sentidos y tu salud.
> - Piensa en aquello que eres feliz de no tener en tu vida, por ejemplo una enfermedad o ausencia de vivienda.
> - Piensa en lo que te ha inspirado recientemente.
> - Piensa en los aspectos positivos de tu trabajo.

Este ejercicio te estimula a mirar tanto dentro como fuera. Es un recordatorio sencillo pero poderoso de las riquezas que ya tienes en tu vida. Puedes estar agradecido por tu salud, por el techo que te cobija, por el hecho de que hoy puede ser un día interesante o divertido. Y a medida que dices mentalmente «gracias» a tus seres queridos puedes observar que tiendes a centrarte más en lo que tienen de bueno y que esto, a su vez, te animará a mostrarles tu felicidad dedicándoles tus pensamientos y tu atención; les preguntarás qué necesitan como una manera de darles las gracias por estar en tu vida.

Es fácil que quedemos atrapados en el análisis de qué es lo que necesitamos asegurar o cambiar en nuestras vidas, que demos vueltas una y otra vez a estas cuestiones en nuestras mentes. Nos preocupamos sobremanera por las cosas que podrían ir mal, a la vez que olvidamos fomentar todo lo que ya está yendo bien y disfrutarlo. Si podemos practicar decir «gracias» cada día cuando estamos, en general, sintiéndonos bien, esto nos resultará muy útil cuando afrontemos tiempos más difíciles. Los hábitos de felicidad que desarrollemos nos proporcionarán una fuerza y una resiliencia subyacentes.

Cuando practiques esta corta meditación a diario, toda tu perspectiva de la vida empezará a ser más ligera, más feliz. Es la mejor manera de levantarse con el pie derecho por la mañana.

Estate satisfecho con lo que tienes; regocíjate en la manera como son las cosas. Cuando te das cuenta de que no te falta nada, el mundo entero te pertenece.

LAO-TSÉ

LOS RETOS TAMBIÉN SON REGALOS

También necesitamos apreciar cualquier tipo de dificultad por la que atravesemos, puesto que sin dificultades no aprenderemos. Cuando las personas se muestren desagradables con nosotros, digan tonterías de nosotros y se formen ideas injustas de nosotros, podemos o bien deprimirnos y detestar a esas personas o bien tomarlo como una oportunidad de reflexionar acerca de lo que podemos haber hecho mal y cómo podemos mejorarnos a nosotros mismos. A menudo es la gente que nos crea tremendas dificultades la que nos ayuda a avanzar por nuestro camino, haciendo nuestro viaje mucho más interesante. Así que en vez de dejarnos conquistar por nuestras propias emociones de odio e infelicidad deberíamos aprovechar la oportunidad de saludar a esas personas, de desearles un feliz día.

A menudo nos sumamos a otros para quejarnos de un individuo o de un grupo en particular, porque nuestros egos han tomado el control y han permitido que nuestras emociones se adueñen de la situación. Si te encuentras en esta situación, lo mejor que puedes hacer es mantener la calma y dar un paso atrás, abandonar el círculo vicioso de los chismes. Son sus asuntos, no los tuyos. Gracias a la práctica de la meditación encontrarás cada vez más fácil dar este paso atrás y apreciar tanto lo bueno como lo difícil de la vida. Esta es la mejor herramienta para cuidar de tu mente, de tu felicidad.

INSPÍRATE

Si el día y la noche son tales que los saludas con alegría, y si la vida emite una fragancia parecida a la de las flores y las hierbas aromáticas y es más elástica, más llena de estrellas, más inmortal,

este es tu éxito. Toda la naturaleza es tu felicitación, y tienes
que dedicar un momento a bendecirte a ti mismo. Las mayores
ganancias y los mayores valores están lejos de ser apreciados.
Fácilmente dudamos de su existencia. Pronto los olvidamos. Sin
embargo, ellos son la realidad más elevada. Tal vez los hombres
nunca comunican los hechos más asombrosos y reales a los otros
hombres. La verdadera lucha de mi vida diaria es de algún modo
tan intangible e indescriptible como los tonos de la mañana o
de la tarde. Es como haber capturado una pequeña mota de
polvo de estrellas, o como haber agarrado un trozo de arco iris.

DAVID THOREAU, WALDEN

Es fácil que la vida se convierta en un patrón que seguir, en una serie de hábitos diarios y de listas de cosas por hacer. Los días pasan zumbando, pero de algún modo sentimos que no los estamos aprovechando al máximo. Sabemos que la vida es preciosa, pero tenemos muchas responsabilidades; ¿cómo podemos soltarlo todo para encontrar nuestra inspiración?

Hasta que, de pronto, nos perdemos —o, mejor dicho, nos encontramos— en el momento: leemos un bello poema, vemos una pareja de ancianos tomándose de la mano, cocinamos una comida deliciosa o avanzamos mucho en el trabajo. Nos sentimos inspirados. Estos momentos son regalos que nos abren a la felicidad.

Nuestros hábitos mentales y emocionales nos mantienen encadenados, cuando de pronto experimentamos momentos que nos revelan la auténtica amplitud de nuestras mentes y del universo que nos rodea. Son esos momentos que, por ejemplo, la naturaleza nos ofrece cada día con la salida y la puesta del sol. Una mujer con la que me encontré me contó que había ido a contemplar la puesta de sol en el día más corto del año, el solsticio de invierno, aunque no estaba segura de poder ver nada, porque era un día muy nuboso. Permaneció de pie contemplando un valle de la campiña inglesa hasta que, cuando ya estaba a punto de volverse para regresar a casa, una brecha diminuta se abrió entre las nubes y los rayos del sol se derramaron a través de ella. La mujer no había esperado nada, pero caminó de regreso a casa con un sentimiento de nuevas posibilidades, al haber recibido un regalo tan generoso por parte del sol.

Cuando nos sentimos inspirados, miramos más allá de lo mundano, e incluso lo mundano, y percibimos lo que es realmente importante en la vida; comprendemos el significado de la vida, el sentido que tiene cada día. Cuando nos hallamos inspirados, encontramos mucho más fácil concentrarnos, fluir y hacer las cosas; caminamos con el paso más ligero y percibimos los detalles. Somos felices y eso hace que los otros sientan también felicidad. Nos sentimos afortunados. La inspiración nutre nuestra sabiduría interior e incluso nuestros cuerpos; nos sentimos inspirados por la comida que saboreamos, por las palabras que escuchamos, por el tacto de una caricia, por un paseo por la naturaleza.

La inspiración conduce a la acción

De algún modo, la inspiración nos ayuda a saber lo que queremos hacer; después depende de nosotros mentalizarnos para ir adelante y hacerlo.

Mucha gente cree que los budistas estamos siempre pensando y que nunca hacemos nada, pero en realidad se trata más de que necesitamos pensar para ser después capaces de hacer. En otras palabras, si nos falta intención, motivación o determinación, pronto nos encontraremos luchando con la parte del «hacer» de la ecuación. Es como despertarse una mañana e intentar enseguida seguir una dieta: puedes sentirte sorprendido e incluso decepcionado contigo mismo al rendirte al cabo de pocos días, o incluso de algunas horas. Si esperas que tu cuerpo lleve a cabo un cambio instantáneo, sin trabajar antes en tu mente, es más que probable que te aguarde una decepción.

El agradecimiento te ayuda a percibir lo que te inspira y te estimula a aferrarte a esta inspiración y convertirla en acción. De esta manera dejas de perseguir tus sueños, siempre un paso tras ellos; en vez de eso, tú estás *siendo* tus sueños, momento a momento, día tras día. Regresas a la esencia de ti mismo y de lo que haces.

Cuando te das el espacio en el que inspirarte, probablemente querrás compartir tu inspiración, tu alegría, con los demás. Cuanto más feliz te sientes, más generoso te vuelves. Eres más capaz de escuchar a los demás, superas tus miedos acerca de lo que puede o no acontecer en tu vida y te abres a las posibilidades.

Encuentra tu inspiración

En lugar de esperar que la inspiración te encuentre, ¿por qué no la buscas en tu vida, en lo cotidiano? Sé que la vas a hallar. Sé cálido, sé amable. Empieza por ahí y pronto verás lo que te inspira. El agradecimiento y la inspiración son estrechos aliados. El solo hecho de que dediques unos pocos momentos cada día a recordarte lo bueno que hay en tu vida te proporciona una energía pacífica y a la vez poderosa que te permite compartir incluso más buenos sentimientos y acciones.

Yo me siento inspirado por la naturaleza, por la gente, por todos los seres, cada día. Desde la hormiga más pequeña hasta la montaña más alta, siempre hay un motivo para maravillarse. Mi función en la vida no es otra que recordar a las personas el bien que anida en sus corazones y su capacidad de sentir amor y compasión por los demás; invito a que nos sintamos inspirados por esta vida, de tal modo que compartamos con quienes nos rodean de las maneras en que podamos.

Dicho de un modo sencillo: la inspiración merece tu atención porque la vida merece tu atención. De la misma forma que mi madre se ocupa de su jardín, por ejemplo, todos nosotros podemos cultivar aquello que nos inspira. Si cultivamos nuestros propios talentos, tenemos mucho más que ofrecer; entonces podemos experimentar una gran alegría tanto al trabajar como al divertirnos, y relajarnos más tanto con nosotros mismos como con las otras personas. Podemos soltar el sinsentido que tan a menudo rige nuestros días y centrarnos en lo que realmente importa. Podemos soltar tanto la necesidad de los elogios como de la culpa e incluso sentirnos inspirados por nuestros errores, los cuales contienen en muchas ocasiones las mejores lecciones. Incluso podemos sentirnos inspirados por nuestros miedos, porque pasar a través de ellos es con frecuencia el mayor catalizador de la transformación. Podemos vivir la vida con audacia.

¡ACUÉRDATE DE ESTAR AGRADECIDO!

- Si tu mente está solo buscando problemas, ¿cómo serás feliz?
- Celebra todo lo que es bueno en tu vida.
- Si en alguna ocasión te sientes descorazonado, piensa en algo por lo que puedas estar agradecido. Esto es un tónico instantáneo para la mente.
- Trabaja en tus puntos fuertes.
- Sé consciente de que tus desafíos también son regalos.
- Presta atención a lo que te inspira.

UN ACTO ALEATORIO DE FELICIDAD

Elige una canción y baila como si nadie estuviera mirando. Sacude tu tensión; deja que tu cuerpo haga lo que quiere hacer y muévete como quieras moverte. ¿Deseas estirarte? ¿Te apetece balancearte o dar saltos? ¡Adelante!, baila, ríe y suéltate.

7

Para ser feliz, libera tu mente

El secreto de la felicidad es la libertad.
El secreto de la libertad es el valor.

Tucídides

Tu mente puede ser tu cárcel o puede liberarte; son los patrones y hábitos mentales los que a menudo sabotean tus posibilidades de ser feliz. En este capítulo se considera, por tanto, cómo puedes empezar a romper los lazos de tu mente de modo que esta pueda estar más libre, no tan apegada a las creencias limitantes que puedas tener sobre ti mismo o los demás, o no tan agobiada por dichas creencias.

MÁS ALLÁ DEL EGO

¿Por qué permaneces en la cárcel
si la puerta está tan abierta?

Rumi

Antes de que puedas empezar a aflojar las invisibles pero fuertes cadenas que tus hábitos mentales crean y después refuerzan cada día, tenemos que examinar un poco más de cerca el concepto de ego. Como vimos anteriormente, el ego está hecho de todas las creencias que hemos construido a lo largo del tiempo relativas a quiénes pensamos que somos y a cómo debería ser el mundo. Estas creencias se fortalecen tanto con los años que creemos que son verdades. Nos identificamos con nuestros egos porque no nos damos cuenta de que hay algo más profundo y auténtico bajo la superficie. En realidad, el ego existe solamente en la superficie de nuestras mentes; es como una manta que cubre nuestra naturaleza y sabiduría interior.

El ego es una red de historias que empieza en la infancia: en el momento en que nos cuelgan una etiqueta —*malo*, *tímido*, *parlanchín*...—, la semilla del ego es sembrada. Gradualmente, con el tiempo, construimos una imagen de nosotros mismos y del mundo que nos rodea. Y tiene sentido que lo hagamos; después de todo, somos seres subjetivos más que objetivos. Pero los problemas comienzan a surgir porque no tenemos conciencia de cómo el ego se basa, en realidad, en la percepción; no es la verdad absoluta que asumimos que es. El ego está muy preocupado por el *yo* y el *mío*; es muy obstinado y le gusta que las cosas que nos atañen sean de una cierta manera para sentirse seguro y feliz. Sin embargo, como hemos visto, el ego también nos mantiene muy a menudo atrapados en el sufrimiento debido a su naturaleza *apegada*, tanto a los objetos y a las personas que creemos que *nos hacen* felices hoy como a los objetos y a las personas que creemos que todavía necesitamos y de los cuales pensamos que depende nuestra felicidad futura.

El ego es fuerte, pero no muy flexible, y por eso es bastante quebradizo y se lo hiere con facilidad. Piensa en la naturaleza punzante de una sola palabra crítica o de la mirada de alguien que te escudriña de arriba abajo; pero después piensa con qué facilidad tu ego cae en la trampa de criticar o enjuiciar a los demás de acuerdo con tus propias maneras de ver. El apego a querer que las cosas sean de una determinada manera es muy comprensible; todos albergamos sueños y deseos que tenemos la esperanza de ver satisfechos. No obstante, apegarse es aferrarse, y esto puede ser la causa de mucho sufrimiento mental.

Por ejemplo, un día podrías ir a trabajar con la determinación de conservar un estado mental positivo y no permitir que tu jefe o colegas te irriten, sean cuales sean los retos que surjan. Después, tu jefe te critica delante de todo el mundo. Experimentas un sentimiento de indignación o vergüenza punzante, ardiente; te sientes avergonzado y te preguntas por qué te molestaste en ir a trabajar con buenos pensamientos cuando no hay nada que puedas hacer para que tu jefe deje de humillarte de esta manera. Te sientes impotente y desearías poder renunciar a ese empleo, pero estás atrapado, porque necesitas ganarte la vida; tienes que pagar la hipoteca y todo lo demás.

Aquí hay muchos hábitos emocionales y mentales en juego. A pesar de tus intenciones al comienzo de la jornada, tan pronto como tu jefe se sale del guion te encuentras volviendo a las mismas viejas maneras de reaccionar que acaban estropeándote el día. Incluso tu cuerpo interviene en el acto y se asocia con tu mente para crear esa sensación de ardor. Pero la buena noticia es que con un poco de práctica puedes empezar a desarrollar una minúscula sensación de espacio alrededor de tus reacciones, de tal manera que aunque puedas seguir sintiendo que era innecesario que tu jefe te criticara delante de todos, no necesitas aferrarte a la indignación o a la vergüenza durante todo el día. Por medio de desarrollar tu atención, o de practicar un comportamiento consciente, puedes ir percibiendo y observando tus hábitos mentales, lo cual es el primer paso hacia ser capaz de transformarlos.

SEGUIR LOS MISMOS VIEJOS PATRONES

¿Cómo se construyen los hábitos mentales en el transcurso del tiempo? Ellos son los sirvientes de nuestro ego y, en cierta manera, casi parece que nos hacen la vida más fácil, porque logran que sintamos que sabemos quiénes somos y cómo reaccionamos a las situaciones; puede proporcionar una especie de comodidad pensar que sabemos dónde nos encontramos. Pero nuestros hábitos también permiten que nuestras mentes se vuelvan perezosas, de manera que emociones negativas y dolorosas, como la vergüenza, la ira o los celos, surgen sin que tan siquiera nos demos cuenta y acaparan nuestras mentes en el momento.

Algunas personas se aferran a los hábitos o a los patrones mentales como una manera de disuadirse a sí mismas de efectuar cambios o asumir riesgos. Se refugian en sus hábitos: «No soy la clase de persona a la que le gusta viajar a nuevos lugares» o «Siempre me siento atraída por el mismo tipo equivocado de hombre». Estas son creencias que tenemos sobre nosotros mismos que cubren nuestra confianza, y por tanto nuestra felicidad.

Creencias autolimitantes

Aprende a valorarte, lo cual significa: lucha por tu felicidad.

AYN RAND

He aquí algunas de las maneras en que las creencias limitantes pueden presentarse en nuestras mentes —los tipos de pensamientos que parecen atascarse en el *replay*:

> - Solamente puedo ser feliz si soy una persona superbuena, todo el tiempo.
> - Nunca seré lo suficientemente bueno, así que tendré que aferrarme a la felicidad cuando tenga la oportunidad.
> - Tengo que recibir aprobación antes de poder ser feliz.
> - No estoy seguro de merecer la felicidad.
> - Si me permito ser demasiado feliz, me decepcionaré a largo plazo.

Solamente puedo ser feliz si soy una persona superbuena, todo el tiempo

Los profesores budistas les decimos esta frase a los practicantes: «No armes tanto alboroto». Hacemos esto para intentar ayudar a las personas a que se relajen un poco más en su propia naturaleza, a que sepan que ninguno de nosotros es perfecto; si lo fuéramos, no necesitaríamos andar el camino, puesto que ya habríamos alcanzado la iluminación.

Muchas personas que crecieron con padres muy críticos o que eran, tal vez, muy buenas en la escuela y por tanto se depositaron grandes expectativas en ellas a una edad temprana tienen la creencia de que deben ser superespeciales o superbuenas para tener permiso para ser felices. Yo mismo soy un ejemplo de ello. No era muy bueno en los estudios, pero cuando fui reconocido como la reencarnación del Gyalwang Drukpa, así como del santo indio Naropa, me sobrevino un enorme sentido de la responsabilidad y una gran preocupación por no ser lo suficientemente bueno como para estar al cargo del Linaje del Dragón. Me he estimulado a mí mismo a soltar estas creencias a lo largo de mi vida; he intentado convencerme de que siempre daré lo mejor de mí mismo y de que si gasto todo mi tiempo preocupándome sobre si soy lo bastante bueno, seré de menos ayuda para los demás, puesto que estaré obsesionado conmigo mismo todo el rato y paralizado por el miedo a hacer algo mal.

Nunca seré lo suficientemente bueno, así que tendré que aferrarme a la felicidad cuando tenga la oportunidad

Si una persona crece con la creencia de que de alguna manera es intrínsecamente imperfecta, puede ser que piense que no merece la felicidad profunda y apacible, la felicidad en la que descansar satisfecha, y por tanto se aferrará a la felicidad temporal y basada en los sentidos. Estas personas pueden invertir mucho tiempo en perseguir estos momentos de felicidad; pueden agotar su dinero y energía en pos de ellos. Temen llegar a saber quiénes son realmente por debajo de la superficie y creen que si se mantienen lo suficientemente ocupadas, no tendrán que sentarse en silencio consigo mismas y llegar a conocerse. Si reconoces en ti este tipo de creencia, te animo a que tengas el valor suficiente —sé que lo tienes— de mirar dentro de tu corazón mientras lees este libro y empieces a darte cuenta de la hermosa persona que eres.

Tengo que recibir aprobación antes de poder ser feliz

Cuando somos niños enseguida advertimos la aprobación —o la ausencia de aprobación— en los ojos de nuestros padres. Hacemos volteretas, emitimos ruidos con la boca y nos tiramos a la piscina gritando: «¡Mírame, mírame!». Y los padres se aseguran de que sus hijos sepan que lo están haciendo muy bien siendo ellos mismos (creciendo y desarrollándose).

El problema es que al hacernos mayores podemos desarrollar dependencia respecto a la aprobación de los demás antes de permitirnos ser felices. Así que un día llegamos a casa con una sonrisa de oreja a oreja porque nuestro jefe nos ha dicho que hacemos muy bien nuestro trabajo y después, al día siguiente, estamos disgustados porque nos ha criticado por haber cometido un fallo. Si ponemos nuestros egos en un pedestal, puede ser muy doloroso cuando inevitablemente caen de él. Pero si, por otra parte, podemos aceptarnos mejor a nosotros mismos y no nos tomamos tan a pecho ni las alabanzas ni las críticas, ese tipo de cosas no tendrán tanto poder sobre nuestra paz mental.

No estoy seguro de merecer la felicidad

Muchas personas sufren depresión en el mundo; las ha abandonado su autoestima y es duro para ellas incluso levantarse por la mañana. Cuando la mente está deprimida, no importa si mucho o poco, nos perdemos la vida y todas sus maravillas. Nos cuesta conectarnos y relacionarnos con los demás, justo cuando necesitamos más su apoyo. Perdemos confianza en nuestras capacidades para el trabajo o en nosotros mismos en calidad de seres humanos.

Un sentimiento de autoestima es un ingrediente esencial de la felicidad, pero si solo lo percibimos a través de nuestros egos o del éxito material, estamos limitando realmente nuestra capacidad de ser felices. En cambio, si desarrollamos nuestras mentes y, por tanto, la autoestima como seres humanos conectados con los demás, creamos una base increíblemente fuerte sobre la que podemos construir la felicidad. Tenemos una fuerza análoga a la de un gran árbol: disponemos de buenas raíces que nos proporcionan nuestro enraizamiento, pero también estamos dotados de flexibilidad y adaptabilidad para ser capaces de doblarnos con el viento.

Tenemos que pensar acerca de cómo vivir en este mundo. Podemos convertir nuestro mundo individual en un lugar muy hermoso en cuestión de segundos si tenemos suerte; todo se puede lograr desde nuestro interior o con la ayuda de la autoconfianza. Este tipo de autoayuda es muy importante.

En tibetano decimos: «Tienes que hacerte feliz a ti mismo, porque los demás sin duda te harán sufrir». Así que depende mucho de nosotros fomentar nuestra felicidad; de otro modo, si no somos capaces de hacerlo, los sufrimientos seguirán viniendo, procedentes de otras personas o de otras cosas. En primer lugar tenemos que saber cómo ser felices. Este es el propósito de la vida, o *el camino*, como lo llamamos. Como decía el Buda, «el camino está en el corazón». Así que si queremos ser felices, solamente tenemos que mirar dentro de nuestros corazones.

Si me permito ser demasiado feliz,
me decepcionaré a largo plazo

En el caso de algunas personas, esperar lo peor es una forma de defensa que creen que las protegerá de experimentar un excesivo dolor: si esperan lo peor, apreciarán las ocasiones en las que el resultado será mejor de lo que habían imaginado. De la misma manera, si tientan a la suerte, pueden echar a perder lo que ya tienen.

Yo creo en estar preparados para lo peor —puesto que la única certeza que tenemos en esta vida es que vamos a morir— pero no en vivir a la espera de que ocurran hechos negativos. Si vivimos así, nuestras mentes se pasan todo el rato imaginando lo que podría ir mal en el futuro en vez de apreciar lo que está yendo bien hoy.

OBSERVAR NUESTRAS MENTES

La atención plena, o *mindfulness*, es una práctica esencial para ayudarnos a romper las cadenas de nuestros hábitos mentales —todos los mitos sobre nosotros mismos que creemos tan profundamente que son verdad, todos los prejuicios que hemos construido a lo largo del tiempo y todas las distorsiones—. La atención plena nos capacita para entender la diferencia entre el dolor y el sufrimiento; nos damos cuenta de que incluso cuando afrontamos una experiencia muy dolorosa es nuestra elección añadir o no a este dolor el sufrimiento de emociones aflictivas tales como la ira, el miedo o la angustia.

Es cuando comenzamos a percibir mejor cómo operan nuestras mentes cuando nos vamos reconectando con nosotros mismos y, por tanto, con nuestra felicidad. Empezamos a percibir los momentos en los que parecemos elegir la opción de encubrir nuestra felicidad por costumbre, o quizá por temor a lo desconocido. Empezamos a darnos cuenta de que incluso aunque sabemos que nos gustaría sentirnos felices más tiempo, estamos preocupados por la idea de que si nos permitimos ser felices, estaremos predisponiéndonos a sufrir una decepción. Y vemos cómo nos preocupamos por la idea de que no merecemos ser felices, de que acaso no somos personas lo suficientemente buenas como para experimentar algo más que un vislumbre esporádico de la alegría. Creemos que no nos hemos ganado el derecho a ser felices.

Pero progresivamente vamos reconociendo que esto es el ego trabajando; el ego hablando constantemente y evitando que nos reconectemos con nuestra verdadera naturaleza: nuestra naturaleza sabia, libre de miedos, feliz.

Por medio de períodos muy cortos de meditación y cultivando la atención plena durante el día puedes empezar a escoger cómo vas a reaccionar ante las situaciones y las personas desafiantes. Mucha gente parece permanecer anclada en lo negativo que ha tenido lugar durante el día o en su vida en general. La atención plena nos anima a percibir *todo* lo que ocurre. Así empezamos a reconocer los buenos sentimientos que hemos experimentado hoy, por ejemplo, así como ese momento en que sentimos el aguijón de una emoción negativa.

No tengas reparos en celebrar todas las grandes cosas que hay en tu vida; al hacerlo serás progresivamente capaz de soltar los estados mentales negativos con mayor facilidad. Aún vendrán —así es la vida— pero podrás permitir que se vayan, en vez de darles demasiada importancia. La atención plena te permite ver lo maleable que es tu mente, de modo que aunque puedas sentirte disgustado con alguien en un momento dado no tienes necesidad de conservar tu mente inamovible en cuanto a lo que piensas sobre esa persona.

Si quieres deambular sin ver lo que está realmente aconteciendo en tu vida, no estoy en posición de detenerte. Depende totalmente de ti y de aquello con lo que te sientas cómodo. Pero si tienes curiosidad acerca de la posibilidad de abrazar una manera distinta de ver, sin los filtros y lentes habituales a través de los cuales ves, estate preparado para más color, sorpresas y espontaneidad de los que puedes imaginar. Cuando te abres a tus sentidos, en lugar de asumir constantemente que piensas de una u otra manera en relación con una persona, un lugar, un plato de comida o cualquier otra cosa, ahondas en la experiencia real.

Pasa tiempo contigo mismo

Para algunas personas es una buena idea conocerse mejor a través de las experiencias, mientras que para otras, como Jigme Semzang, es mejor hacer muy poco y permitir que su naturaleza interior brille:

Las enseñanzas no solo me han ayudado a cambiar mentalmente, sino también físicamente. Pocos años atrás tenía sobrepeso y caminaba con la ayuda de un bastón. Caí en la costumbre de culpar a los demás —por ejemplo, consideraba que eran ellos los que me provocaban estrés en el trabajo— o de culparme a mí mismo por no ser lo suficientemente bueno. Di mi salud por sentada y empecé a comer lo que me apetecía siempre que quería. Tenía éxito en el trabajo, ganaba un muy buen salario y durante muchos años me estuve identificando con una forma de vida que creía que me proporcionaba mi sentido de identidad. Era como si mi tarjeta de visita fuera mi identidad. Estaba siempre persiguiendo la próxima promoción, pero me estaba olvidando de cuidar de mí mismo en el proceso.

Para abreviar una larga historia, terminé en un Pad Yatra con Su Santidad y las monjas de Druk Amitabha. Apenas pude llegar; no estaba bien de salud y aún caminaba con el bastón. Pero Su Santidad me dijo que si estuviera delgado, tendría el cuerpo más fuerte. Este fue el momento en que comencé a revertir la situación y a ver las cosas de otra manera. Recobré la salud y mi buen estado de forma, tanto en mi cuerpo como en mi mente, cuando empecé a trabajar con esta. Dejé de huir de mí mismo y acudí al retiro de Nepal. Pregunté qué oraciones o mantras debía decir y Su Santidad me respondió: «Ninguna, ninguno. No tienes que hacer nada durante un tiempo».

Al principio fue muy duro para mí pasar todos esos ratos conmigo mismo, pero muy lentamente comencé a comprender y mi mente empezó a dejar de ir a la carrera. No le he dado la espalda a la riqueza, pero estoy aprendiendo a darle un mejor uso. La mayor lección que he aprendido es dar lo mejor en cualquier situación y después soltar. Un día tal vez incluso dejaré de ser tan parlanchín, pero para esto necesitaré más práctica.

Abejas en un frasco

A menudo, cuando los tiempos son desafiantes parece que no quede mucho espacio libre para la felicidad después de que hemos tenido en cuenta todas las preocupaciones, aquello que nos gustaría cambiar y lo que no nos gusta tanto de nuestras vidas. Las partes difíciles de la vida parecen ocupar tanto tiempo y espacio que nuestras mentes perpetúan una situación o un sentimiento negativo, como abejas atrapadas en un frasco, girando sin fin. Sabemos que de alguna manera necesitamos cambiar cosas, pero no hay ninguna solución a la vista y por tanto nos sentimos aprisionados y constreñidos, sin espacio para respirar, y mucho menos para sentir el calor de la felicidad.

Uno de los mayores beneficios de la meditación es que crea un poco de espacio en tu mente. No te ofrecerá soluciones instantáneas a tus problemas pero te ayudará a descubrir los pensamientos negativos en los que has quedado atrapado, los cuales, si no se pone remedio, acabarán por consumir tu mente.

1. Siéntate unos momentos y lleva tu atención a la respiración.

2. Ahora imagina que tus pensamientos son abejas dentro de un frasco: están zumbando y chocando unas con otras y con el cristal del frasco, sin ningún lugar adonde poder ir. ¿Qué tienes en la mente?

3. Ahora desenrosca la tapa y abre el frasco, lo que permite que las abejas, y por tanto tus pensamientos, vuelen en libertad por el prado, yendo a lo suyo. Mira el cielo azul; siente el calor del sol.

4. Tus pensamientos y emociones vendrán y se irán –ahora tienen un poco más de espacio.

LIBERA TU MENTE DE LAS ETIQUETAS HABITUALES

Cuando no estamos prestando atención, nos aferramos a tantas cosas con nuestras mentes que nos atamos a nosotros mismos con nudos, de modo que somos incapaces de movernos o pensar con libertad.

Siempre pienso, por ejemplo, en qué apegada está la gente en distintos países a sus etiquetas de medición: «¿Qué es esto exactamente en millas?», o «No puedo entenderte; ¿puedes traducírmelo en libras y onzas?». Del mismo modo, partimos el tiempo en unidades que podemos medir –segundos, horas, días, años–, pero, mientras tanto, el tiempo transcurre a su propia manera, sin que le importe en absoluto cómo lo etiquetemos. Como la felicidad, nunca seremos capaces de precisarlo realmente.

Cuando nos etiquetamos a nosotros mismos y a las demás personas, y creemos después con fuerza en estas etiquetas, damos lugar a la posibilidad de tensiones y desacuerdos, tanto dentro de nosotros mismos como con los demás; se produce una falta de armonía. ¿Recuerdas todas esas creencias limitantes de las que hablábamos antes, por ejemplo la creencia de que tenemos que ser perfectos antes de poder ser felices? No solo nos abocamos al fracaso con tales pensamientos, sino que además tendemos a ver defectos en los demás que consciente o subconscientemente tememos que sean también defectos nuestros. Si somos muy críticos con nosotros mismos, tenderemos a ser muy críticos con los demás. Podemos autoconvencernos de que tenemos un sentido de la justicia o de lo razonable muy desarrollado, pero cuando lo miramos desde otro ángulo esto puede percibirse como un elevado nivel de crítica y exigencia con los demás. Es el mismo comportamiento aunque la etiqueta sea distinta.

Romper la ilusión

A medida que desarrollamos la conciencia de que todos nosotros creamos etiquetas a partir de nuestras propias percepciones y experiencias nos damos cuenta de que no necesitamos aferrarnos a ninguna de ellas o asumir una postura defensiva cuando la opinión de alguien difiere de la nuestra. Así que está bien si mi amigo es perfecto para mí pero no lo es para ti. ¿Por qué deberíamos enfadarnos el uno con el otro? Respetemos nuestras diferencias y comprendamos que no hay ninguna necesidad de que nos aferremos tan firmemente a nuestras creencias que nunca tengamos la flexibilidad de doblarnos con el viento. Después tomemos una taza de té y hablemos de algo agradable. Cuando empezamos a comprender esto, vemos que las diferencias no importan. Nos liberamos de lo que es *mío* y lo que es *tuyo*. Esta es la clase de herramientas que podemos usar para cortar las cadenas del ego y liberar nuestras mentes, para así ser libres.

Sin ideas fijas

Es muy bueno escuchar historias de personas como Lee, que ponen las enseñanzas en práctica y ven cómo funcionan (o no) en su caso entre el ajetreo y el bullicio de la vida real:

Tras asistir a un retiro en Hong Kong hace casi siete años, aún tengo muy claramente presente la enseñanza de Su Santidad sobre no tener ideas fijas siempre que me atasco con algún problema: la enseñanza de que si nos lo permitimos siempre tenemos la capacidad de mirar el problema desde un ángulo mejor. Encuentro esta enseñanza muy poderosa desde el momento en que tenemos muchas ideas fijas en relación con nosotros mismos y también desde el momento en que la sociedad nos impone muchos conceptos a todos y cada uno de nosotros. He podido experimentar una gran transformación desde que he comprendido que la idea fija que tenemos acerca del yo da lugar a muchos obstáculos con respecto al *yo* y lo *mío* en nuestra vida cotidiana y conlleva dolor y sufrimiento no solo para nosotros, sino también para nuestros seres queridos.

En el trabajo también tenemos muchas ideas fijas en cuanto a cómo deberían hacerse las cosas, y consideramos que no podemos dedicar tiempo a escuchar a nuestros compañeros ni a abrir nuestras mentes y corazones para acoger a otras personas en nuestras vidas. Pero el hecho es que si no tenemos una idea específica de nosotros mismos, estamos siempre abiertos a los comentarios y somos capaces de transformarlos en algo positivo. Somos capaces de revisarnos y aprender algo positivo de cada situación. Cuando estamos trabajando alegremente en un proyecto, de un modo natural proyectamos energía positiva y atraemos a personas de ideas afines. Esto trae no solo una gran alegría en el trabajo sino que también dota al conjunto de la atmósfera de energía positiva. Desde el momento en que la mente está ligera, relajada y alegre somos capaces de llevar a cabo cualquier tarea sin esfuerzo y de inspirar a los demás. ¡Esto sustituye la idea del *yo* por la del *nosotros*!

Siempre que me encuentro atascado en una situación, me acuerdo de *vivir en el momento*, puesto que siempre estamos proyectando la mente hacia el futuro, preocupándonos innecesariamente por todo lo que acude a nuestras mentes, perdiéndonos el momento, enfadándonos y frustrándonos. Me tomo un respiro y compruebo si estoy practicando lo de no tener ideas fijas; después me siento rejuvenecido y sigo trabajando alegremente, momento a momento.

CON UNA MENTE LIBRE PODEMOS EXPERIMENTAR LA AUTÉNTICA FELICIDAD

Podemos experimentar la felicidad auténtica en este preciso momento. A veces nos topamos con una felicidad temporal: un trozo de pastel, acabar una carrera, dar un discurso o superar un examen te puede aportar este tipo de felicidad basada en los sentidos y en el placer. En estos casos experimentas felicidad sin duda, pero no es duradera. Es un tipo de felicidad superficial, algo que viene pero que se apaga enseguida.

Tenemos que comenzar a entender nuestras propias mentes —nuestras motivaciones, deseos y necesidades—. Por ejemplo, podemos considerar por qué nos hemos convertido en consumidores tan voraces. ¿Por qué compramos continuamente objetos nuevos que no necesitamos pero que sin embargo anhelamos? Esto son distracciones, cosas que mantienen nuestras mentes ocupadas. Por supuesto, experimentamos la sensación temporal de un ligero alivio, de concedernos algún lujo o de incrementar nuestra comodidad, pero el problema es que cuando intentamos encontrar la comodidad o el alivio por medio de los «objetos», tendemos a acabar por necesitar más de ellos, solo para conservar esa sensación. Tenemos armarios llenos de ropa que apenas nos ponemos nunca, tiramos comida... A veces parece como si hubiésemos sustituido a las personas por los objetos.

No hay nada malo en absoluto en querer cosas agradables ni en ofrecer un aspecto elegante o atractivo. Pero cuando adjuntamos emociones a estas posesiones o cuando de algún modo nos identificamos con lo que tenemos, es más probable que alimentemos la insatisfacción antes que la felicidad. Quedamos atrapados en el ciclo de luchar por tener más cuando tal vez podríamos incluso beneficiarnos del hecho de tener menos.

Sin duda has oído esto muchas veces: ninguna persona se preocupa mucho de sus posesiones cuando se halla en su lecho de muerte. Así que a medida que reflexionas sobre cómo tu vida se está moldeando y sobre lo que te gustaría priorizar durante el precioso tiempo del que dispones considera lo apegado que estás al consumo y si este te aporta el mismo tipo de felicidad que las relaciones de amor que mantienes con las personas que forman parte de tu vida o que la satisfacción que te proporciona lo que haces.

La felicidad auténtica es profunda y duradera, y está siempre ahí. Todo lo que ocurre es que no la vemos. Es fácil percibir este tipo de felicidad como algo que tal vez nos aguarda en el futuro, pero que justo ahora no estamos preparados para experimentar. No pienses que tienes que recorrer kilómetros y kilómetros en tu metafórico camino interior para hallar esta felicidad; puedes experimentarla en este preciso momento. Muchas personas entienden mal esto y creen que deben llevar a cabo un viaje muy difícil; piensan que la felicidad se halla al término de dicho viaje. Pero ¿por qué no disfrutar del viaje, por qué no ser feliz a cada paso? Esta es tu oportunidad de ser feliz, desde este momento y a lo largo de cada día y cada minuto de tu vida.

¡ACUÉRDATE DE LIBERAR TU MENTE PARA SER FELIZ!

- Tu ego pone condiciones a tu felicidad; te dice lo que todavía necesitas tener o lograr para ser feliz o lo que no puedes perder si quieres permanecer feliz.
- La auténtica felicidad es incondicional.
- Hazte consciente de tus creencias y de cómo te ayudan o bien te obstaculizan. La atención y tomar conciencia son los primeros pasos a la hora de hacer que tu mente sea tu amiga.
- Empieza a observar tus percepciones y practica verlas como fluidas en vez de fijas; permanece abierto a nuevas ideas y puntos de vista y estate dispuesto a ver las cosas de un modo distinto.

UN ACTO ALEATORIO DE FELICIDAD

Cada vez que compras una nueva prenda de vestir, toma otra de tu armario y llévala a una tienda benéfica como intercambio. No tenemos que estar tan apegados a todas nuestras posesiones de tal manera que al final rebosen; dejemos que lleguen y se vayan y hagamos a otra persona feliz en el proceso.

8

Cambia tus hábitos mentales

La esencia de lo hermoso es la unidad en la diversidad.

W. SOMERSET MAUGHAM

A menudo no podemos cambiar la realidad física de una situación dada, pero nuestras mentes ejercen una increíble influencia en cuanto a cómo percibimos e interpretamos las cosas, y por tanto en cuanto a cómo les hacemos frente. En budismo hablamos de la mente dual, lo cual hace referencia básicamente a cómo la mente humana intenta verlo todo en términos de blanco o negro, bueno o malo, a la vez que sabe que la vida raramente se deja acomodar dentro de estas dos cajas. Incluso cuando mantenemos una conversación a menudo sentimos como que estamos en un bando o en el otro. Es decir, sentimos que tenemos que tomar una postura o un punto de vista y defenderlo con todas nuestras capacidades intelectuales y verbales, con el fin de que, idealmente, la otra persona dé marcha atrás y podamos «ganar». Es afortunado el individuo que ve cada conversación como una oportunidad de aprender y ver algo acerca de la vida desde la perspectiva del otro.

Kashyapa, considera mil mundos grandes y después un mundo más grande que abarque tres mil de estos mundos. Considera, en todos esos mundos, la hierba, los árboles, los bosques, así como las plantas medicinales, con sus muchas variedades, con sus distintos nombres y colores, producidos por las montañas, los arroyos, los valles y las llanuras. De pronto se extiende un grueso nubarrón y cubre todos esos mundos, y llueve sobre ellos de un modo igual, en todas partes y al mismo tiempo, de modo que toda la hierba y todos los árboles, bosques y plantas medicinales reciben la misma humedad: los que tienen raíces, tallos, ramas y hojas pequeños; los que tienen raíces, tallos, ramas y hojas medianos, y los que tienen raíces, tallos, ramas y hojas grandes. A partir de la lluvia de una misma nube cada uno de esos vegetales crece, florece y da fruto. Aunque crecen en el mismo suelo y son humedecidos por la misma lluvia, a pesar de eso, toda la hierba, todas las plantas y todos los árboles son diferentes.

SUTRA DEL LOTO

Así como todas las hierbas, flores y árboles del Sutra del Loto tienen un potencial único, a pesar de que todos ellos reciben el agua de una misma nube, lo mismo es cierto para nosotros, los seres humanos. Cada uno de nosotros vemos las cosas desde nuestra perspectiva única, formada por nuestras experiencias, personalidades y emociones. Todas esas distintas maneras de ver son interesantes y válidas, y por eso si podemos estimularnos a ver las situaciones desde otros ángulos, seremos capaces de disolver algunos de los bloqueos existentes entre nosotros y nuestra felicidad.

La vida está llena de sorpresas. ¿Por qué usaríamos la expresión «no hay mal que por bien no venga» si fuese tan sencillo como decir que una cosa es buena y otra mala?

La misma experiencia, una experiencia diferente

La vida raramente se ciñe a la perfección a nuestros planes. Depende de nosotros verlo como un problema o como una bendición, como descubrió Cathy durante un retiro con nosotros:

Cuando vamos de retiro al convento de monjas de Druk Amitabha Mountain, bajamos caminando por la empinada colina hasta la famosa estupa de Swayambhunath, en Katmandú, para efectuar una *kora*, o circunvalación, lo que significa caminar alrededor de la circunferencia de la estupa un cierto número de veces antes de efectuar una ofrenda. En esa ocasión fuimos por la tarde e hicimos una ofrenda de luces; prendimos todas las velas posibles para enviar nuestros buenos deseos al mundo.

Su Santidad siempre camina a un ritmo increíble y yo intento siempre formar parte del grupo de cabeza. Estaba corriendo para no rezagarme y me las arreglé para tropezar en el linde entre la carretera y la cuneta. Me torcí el tobillo de mala manera, de modo que solo podía andar muy despacio y con suma precaución alrededor de la estupa.

Pronto estuve muy por detrás del grupo de cabeza. Esto era nuevo para mí. Me había visto obligada a reducir el paso a causa de un desafortunado incidente, pero esto se convirtió en una experiencia nueva y maravillosa. Mientras caminaba advertía muchos más detalles a lo largo del camino. La vida que rodea la estupa de Swayambhunath estaba allí pletórica de colores. Se trata de un lugar muy crudo donde las personas más desafortunadas acuden a morir. Si tienen suerte, pasan sus últimos días bajo una sábana de plástico y cuando mueren, son envueltas en una sábana blanca. La caridad de personas anónimas paga la ceremonia de cremación. La estupa es también un lugar de actividad constante: un torbellino de color, comunión, comercio y encuentros.

Cuando llegué al lugar donde llevar a cabo la ofrenda de luces, ya había algunas monjas allí, prendiendo silenciosamente docenas y docenas de delgadas velas blancas en las escaleras de la estupa. Era muy hermoso y se respiraba mucha paz. Me arrodillé y empecé a encender velas, disfrutando de la silenciosa compañía y absorbiendo la energía del lugar mientras pensaba en la ofrenda.

Al ir más despacio era capaz de ver la misma experiencia con nuevos ojos. Fue una buena lección para mí, en dos sentidos. En primer lugar, me enseñó que no siempre debía insistir en ir delante, lo cual debo admitir que hago no solamente cuando se trata de la *kora*, sino también en la vida. La segunda lección fue la de que esté abierta a ver las cosas desde distintas perspectivas. Espero ser capaz de poner en práctica esta lección, sea permaneciendo más relajada ante las diferencias de opinión, sea aceptando que las cosas puedan ir de un modo distinto a como había planeado —en este caso, ¡puede ser que lo que ocurra acabe siendo muy interesante!

LA MENTE ES ILIMITADA

Gracias a su avanzado entrenamiento mental y sus meditaciones, el Buda era conocido por atravesar paredes y sólidas rocas, e incluso por volar entre las cimas de las montañas. Por supuesto, esto desafía nuestra lógica habitual y las leyes de la física. Pero por medio del poder de su mente ilimitada el Buda era capaz de ir más allá de las convenciones aceptadas, más allá de todas las etiquetas, y de comprender que lo que vemos como una pared es una percepción, y que por tanto debería ser fácil pasar a través de ella.

Tal vez un ejemplo más fácil de considerar nos lo ofrece el agua: para los peces el agua es su hogar; para los humanos, aun cuando beberla nos proporciona la vida, nos mataría antes de poder ser nuestro hogar. Así que el significado o el propósito del agua cambia en función del ángulo desde el que la estemos mirando. En otras palabras, no necesitamos aferrarnos a ninguna definición. Lo mismo es cierto en cuanto a la felicidad: no necesitamos intentar definirla; puede significar cosas diferentes para personas distintas. Como dice un proverbio zen: «Para su amante, una mujer hermosa es una delicia; para un monje, es una distracción; para un mosquito, es una buena cena».

Muchos años atrás, cuando la gente de raza blanca llegó por primera vez al Tíbet, los nativos sentían mucho miedo, porque esas personas tenían un aspecto muy raro, con esos cabellos amarillos y esos ojos azules —nunca antes habían visto a nadie de estas características—. Aplaudían a la gente blanca, siguiendo su costumbre de aplaudir para asustar y ahuyentar lo que consideraban temible. La gente blanca, por su parte, se sentía muy feliz de recibir los aplausos, porque en su cultura eran señal de aprecio.

Cuando empieces a llevar más a cabo la elección consciente de salirte de tus hábitos mentales, de un modo natural aprenderás a ver las cosas de un modo distinto, puesto que ya no estarás tan firmemente enraizado en tu posición habitual —o por lo menos te darás cuenta de que estás mirando el mundo a través de tu propio conjunto de filtros—. ¿Por qué es esto de ayuda a la hora de promover la felicidad como tu estado mental? Como puedes imaginar, si siempre miramos las cosas desde el mismo ángulo, empezamos a establecer unas ideas muy fijas acerca de lo que creemos que es bueno o correcto; entramos dentro de un surco mental, en vez de permitir que nuestro estado mental fluya y sea flexible. Incluso empezamos a grabar en piedra nuestra definición de la felicidad: si el cuadro de nuestra vida ofrece cierto aspecto, está bien y podemos ser felices; pero si algo cambia en este cuadro, nos resistimos y sentimos la ansiedad de que no continuaremos siendo felices. Cuando solo nos permitimos una única manera de ver las cosas, nos sentimos fácilmente enojados o irritados cuando la otra gente no encaja dentro de nuestra opinión de lo que es un comportamiento apropiado; tenemos una larga lista de lo que es y lo que no es correcto que nos hace muy críticos y enjuiciadores.

Si no podemos desarrollar la capacidad de ponernos en los zapatos de otra persona, es muy difícil que llevemos a cabo conexiones significativas con los demás, o que sintamos empatía o compasión. Podemos llegar a estar aislados en nuestras propias mentes, incapaces de flexibilizarnos o adaptarnos. Por eso es una muy buena idea proporcionar un poco de ejercicio a nuestras mentes de vez en cuando. Como en el caso del motor de un coche, si dejamos a la mente sola durante mucho tiempo, esta se oxida, y lo que deberían ser componentes móviles se vuelven rígidos o se pegan.

VE LAS COSAS DE UN MODO DIFERENTE

Si desarrollas la capacidad de ver a veces las cosas de un modo distinto, tu idea de la felicidad será flexible. Tal vez has visto siempre la botella medio vacía; ahora tienes la oportunidad de elegir mirarla desde otro ángulo y verla medio llena.

Pongamos el dinero como ejemplo. Tener mucho dinero o muy poco no es algo tan objetivo; hay distintas maneras de verlo. Conozco a hombres y mujeres que han conseguido mucho éxito gracias a su trabajo. Algunos se sienten muy a gusto con esto; aprecian verdaderamente los frutos de su trabajo y no están terriblemente apegados a lo material. Están muy felices de poder dar una gran cantidad a la vez que tienen un bonito techo sobre sus cabezas y les proporcionan una buena educación a sus hijos. Pero también conozco a personas que tienen tanto que uno podría pensar que nunca tendrán ninguna preocupación económica, y que sin embargo están constantemente preocupadas por la posibilidad de perder sus riquezas, o bien sienten envidia de un vecino cuya casa o coche es más grande que los suyos. Estos individuos viven con el miedo de que todo lo que tienen pueda desaparecer, hasta el punto de ser mezquinos. Me dan pena estas personas que posponen su felicidad a causa de una manera de ver las cosas. Cuando conecto con gente que tiene un punto de vista muy fijo o sólido, como en este caso, mi esperanza es que progresivamente, con la práctica, las cuerdas que sujetan sus mentes se aflojen y disuelvan. Entonces comprenderán el gran bien que pueden llevar a cabo gracias a su éxito y que también es correcto que disfruten.

He visitado muchas cuevas y monasterios sagrados en los que maestros iluminados se ejercitaron y alcanzaron la iluminación. Visitar estos lugares sagrados nos proporciona un gran estímulo, pero cuando veo edificios y estatuas destrozados, me siento muy triste y me pregunto por qué los humanos destruyen cosas hermosas. Sé que es precisamente porque son lugares sagrados y que, muy lamentablemente, algunas personas pertenecientes a distintas religiones pelean por sus creencias y acaban destrozando lugares de oración. Desearía que la gente que ha olvidado que esos lugares son sagrados intentara al menos apreciar su belleza. Ocurre lo mismo si tenemos una mente limitada que solo es capaz de aceptar nuestras propias ideas acerca de lo que es correcto e incorrecto: acabaremos siendo como esas personas que destruyen edificaciones hermosas de otras culturas, tradiciones y países; acabaremos viviendo infelizmente confinados en una caja. Cuando las cosas no concuerdan con lo que creemos, hay que destruirlas... Lo mismo ocurre en las relaciones: cuando nuestros amigos o familia no siguen nuestras instrucciones, tenemos tendencia a enfadarnos y enojarnos con ellos, pero nunca con nosotros mismos.

Por eso siempre digo: ¡observa tu mente! Si puedes cuidar de tu mente, tus palabras y acciones serán correctas. La mayor parte del tiempo no hacemos esto. En vez de ello estamos mirando siempre afuera, midiendo a los demás con nuestras propias normas peculiares. No esperemos que los demás lo hagan a nuestra manera. Cada uno de nosotros tenemos nuestro propio camino; algunos caminos pueden ser semejantes, pero nunca serán exactamente el mismo.

Nuestras mentes crean nuestro mundo

Es una alegría para mí ver cómo la experiencia de nuestros Pad Yatras puede aportar momentos de verdadera comprensión a participantes como Joanna, quienes después llevan esos momentos a sus vidas:

> Una de las experiencias más inspiradoras que he tenido fue un sentimiento de alegría tranquila justo en medio de los desafíos de un Pad Yatra, los cuales me fueron difíciles de aguantar físicamente y me provocaron tormentas emocionales. Lo que más valoro es el espacio interior que se abre espontáneamente mientras emociones fuertes surgen y se disuelven, surgen y se disuelven..., a la vez que la alegría irradia desde dentro. Esta alegría es como un loto en medio del barro.
>
> Nunca olvidaré el sabor de un pedazo de pan duro que primero rehusé tomar, aunque pronto tomé la decisión contraria: era nuestra cena. Dejé de querer otra cosa y ese pan duro pasó a ser delicioso y me supo a gloria. Después me di cuenta de que es así como la mente crea realidades. A menudo, desde esa ocasión, he tenido experiencias similares en mi vida cotidiana. El pedazo de pan duro me recuerda cómo cambiar mi mente y estar satisfecha con lo que está ahí en el momento.
>
> Incrementar la conciencia de mis propios patrones de comportamiento me ayuda a ofrecer un mayor apoyo a mis clientes. Esta simple comprensión y aceptación de mí misma se

extiende automáticamente a mis relaciones más cercanas, a mis clientes y a los demás. Escucho mejor, pienso con mayor claridad y estoy atenta a mis palabras. Los cambios que he experimentado en mi interior siguen dándome una mayor confianza en la capacidad que tenemos todos de girar hacia el bienestar y afrontar sin miedo los desafíos de la vida.

Pausa para reflexionar

Si miraras de noche en un estanque calmado y vieras en él el reflejo de la luna, aparentemente sería lo mismo que si estuvieses mirando la luna directamente. Para tus ojos no existe ninguna diferencia, y a pesar de esto sabemos que la luna del estanque no es más que un reflejo, una ilusión.

Puedes emplear un espejo para este ejercicio: tómate un minuto para mirarte en el espejo. Puedes ver todos los detalles: tu estatura, cuántos cabellos grises tienes hoy... Pero a pesar de las apariencias lo que ves no es real. Como la luna del estanque, la cara que estás observando no es más que un reflejo.

Esta es una meditación contemplativa que nos ayuda a comprender que nada de lo que hay en el mundo tiene una realidad fija. Esto incrementa nuestra capacidad de comprender cómo nuestras mentes le dan un sentido a todo lo que nos rodea; comprendemos mejor que no existe una sola verdad, sino solo percepciones y apariencias. Esto explica por qué dos personas que han experimentado exactamente la misma situación pueden tener percepciones distintas de ella. Por poner un ejemplo sencillo, piensa en cuando estás de vacaciones en el campo: cuando llueve, te sientes muy decepcionado, pero los agricultores se alegran. Así pues, ¿es buena o mala la lluvia? No hay una respuesta fija.

La finalidad de esta contemplación es entrenar nuestras mentes de tal manera que seamos capaces de ponernos en los zapatos de otra persona para intentar ver las cosas desde su punto de vista, incluso cuando estamos inicialmente enfadados o decepcionados por sus acciones. Es muy fácil juzgar a los demás, y a menudo olvidamos detenernos y ver que habitualmente hay muchas condiciones implicadas en una situación dada, y que nosotros mismos podríamos no ser perfectos. Después de todo, si fuésemos perfectos seríamos el Buda, ¡y, para empezar, el Buda no se pondría a discutir!

Depende de nosotros: siempre tenemos la opción de aferrarnos a una visión estrecha del mundo o de abrir nuestras mentes para abrazar la diferencia y ver la belleza en la variedad.

La ilusión de la realidad

Puede ser difícil considerar que nuestro concepto de la realidad no es más que esto: un concepto, y no una verdad universal. ¿Cómo podemos tener algo concreto que demostrar en nuestras vidas si la realidad no es más que una ilusión de la mente? Trevor es abogado, una profesión que puede ser muy contradictoria —se puede estar situado en un lado o en el otro de la «verdad»:

> El Gyalwang Drukpa dice a menudo que tenemos que cultivar la visión de que el mundo que nos rodea es como un sueño o una ilusión. Francamente, me asustó poner en práctica sus palabras, porque sentía que podían llevarme a perder contacto con la realidad. Pero recientemente he intentado seguir su enseñanza y ha tenido el efecto contrario: me siento más enraizado y abierto a las posibilidades.

Como en el caso de muchas personas, mi mundo está gobernado con frecuencia por la ansiedad, el enojo o el miedo. Trabajo de abogado y me siento constantemente examinado por el abogado contrario, e incluso por mis colegas. Esta profesión, por su naturaleza, está deliberadamente diseñada para ser contradictoria —al menos en Estados Unidos—. La sensación de escrutinio me lleva a un sentimiento general de inseguridad que hace que me sienta angustiado o enfadado en muchos momentos.

Al intentar cultivar la visión de que el mundo es como un sueño, la ansiedad y el enojo han empezado a desvanecerse. Creo que esas sensaciones eran el resultado de aferrarme con firmeza a mis expectativas, a mis visiones e incluso a mi propio sentido del yo. Ver estas cosas como un sueño me da espacio. No necesito preocuparme tanto si la realidad en la que vivo no es sustancial.

Ver nuestra realidad como de naturaleza ilusoria no es una actitud nihilista. Al contrario, ver la realidad como un sueño me ha permitido soltar emociones negativas y actuar con mayor compasión. Cuando oigo palabras desagradables e infundadas por parte del abogado oponente, me enojo menos, porque esas palabras —y las emociones que desencadenan— tienen un sentido menos concreto. De la misma manera, si tengo que confrontar a alguien con quien estoy trabajando por un asunto difícil, soy más capaz de hacerlo sin enfadarme. Puedo tomarme tiempo para centrarme en lo que necesita la otra persona, porque me concedo espacio para ver que mis puntos de vista no son más ni menos importantes que los suyos.

En vez de perder contacto con la realidad he adquirido una mayor comprensión de ella. Me concedo espacio y apertura para ver posibilidades vastas, de ensueño —incluida la posibilidad de actuar con amor hacia los demás, aun en mis momentos más difíciles.

Si eres valiente y te miras a ti mismo abierta y honestamente, dispuesto a aprender de tus experiencias, a cambiarte a ti mismo y a desarrollar tu vida para mejor, ciertamente te sentirás vulnerable; incluso puedes tener un poco de miedo de lo que puedes llegar a ver. Pero si tienes el valor de mirar tus propias imperfecciones, rarezas y cosas que te gustaría mejorar, también serás comprensivo con las imperfecciones y vulnerabilidades de los demás. En vez de apresurarte a juzgar o criticar tendrás más paciencia, porque sabrás que estamos todos en el mismo barco, haciendo lo mejor que sabemos para ser felices. Aceptarás mejor las diferencias, lo cual hará que la vida sea más fácil para ti y que seas más feliz.

¡ACUÉRDATE DE CAMBIAR TUS HÁBITOS MENTALES!

- Ve la belleza en la diferencia.
- Recuerda que todas las nubes tienen un rayo de luz, si estás dispuesto a verlo.
- Si no estás de acuerdo con alguien, haz un esfuerzo consciente de ponerte en sus zapatos y ver la situación desde su punto de vista. Incluso si sigues sin estar de acuerdo ganarás cierta comprensión.
- Es tu mente la que crea tu mundo, de modo que si no te gusta lo que ves, ten la valentía de mirar dentro de tu mente y hacer un cambio.

UN ACTO ALEATORIO DE FELICIDAD

Hornea pan. Una barra de pan nos devuelve a la simple esencia de la vida, además del placer que obtenemos de ver, oler y saborear el fruto de nuestros esfuerzos. Cuando nos recordamos de dónde procede nuestra comida –como cuando arrancamos una zanahoria de la tierra por la mañana y la cocinamos para cenar esa noche–, el pan nos muestra algo sobre el sustento y también sobre lo que es posible: ¿quién pensaría que un alimento tan maravilloso podría provenir de la suma de harina, agua y levadura?

9

Abraza tus miedos

*Feliz es el hombre que ha roto las cadenas que hieren la mente
y que ha dejado de preocuparse de una vez por todas.*

OVIDIO

Tenemos tanto por lo que sentirnos bien! A pesar de ello perdemos el tiempo preocupándonos por lo que no va tan bien, que podría ir mal o que podríamos perder. Es la incertidumbre la que lleva a nuestras mentes a dar vueltas sin control: imaginamos los posibles escenarios que podrían darse y nuestras posibles reacciones ante ellos, deseando poder saber al menos el resultado, en vez de hallarnos ante tantas posibilidades e incertidumbres en la vida. Intentamos, de alguna manera, forjar un camino seguro: si no asumimos riesgos, tal vez las cosas irán bien y no tendremos que afrontar nada demasiado difícil.

Pero son a menudo nuestros intentos de salvaguardar nuestra felicidad los que nos llevan a asfixiarla y a volvernos cada vez más temerosos o angustiados. Si no cuidamos de nuestras mentes, la incertidumbre puede asociarse y unirse fácilmente con el miedo, miedo a lo desconocido, miedo a la muerte e incluso miedo a la vida. La preocupación es una fuga mental; creer en cambio que todo es posible requiere la misma inversión de energía, solo que canalizada de un modo distinto. De ese modo, le das un buen uso a la energía, en vez de permitir que se consuma por nada.

> *Las enseñanzas me han preparado para creer en mí mismo y a tener confianza, a no tener miedo. Tienes que ser un poco valiente para mirar tus propias idiosincrasias, dispuesto a trabajar sobre ti mismo; tienes que serlo para vivir de tal manera que te acerques más a tu naturaleza. Mirarse uno al espejo de esta manera puede ser un proceso doloroso, pero como Su Santidad me dijo en una ocasión: «Si no lo haces ahora, ¿cuándo lo harás?». Así que en estos últimos años he estado cortando los lazos creados por mi mente –todos los miedos y preocupaciones acerca de quién soy y cómo está yendo mi vida.*

JIGME SEMZANG

LIBÉRATE DEL MIEDO Y LA ANSIEDAD

El hombre que ha dejado de preocuparse es un hombre feliz. Apegarte a tus preocupaciones te limita y le quita a tu mente la libertad que te permite ser feliz. Es un círculo perpetuo en que la misma clase de pensamientos se alimentan unos a otros y no paran de girar. Roban un tiempo precioso y ahogan la felicidad, manteniéndola sofocada e invisible bajo la superficie de una mente tensa, estresada. Incluso las pequeñas preocupaciones diarias pueden acumularse con el tiempo, dejando poco espacio para otras cosas. Después te sientes pequeño e inhibido, tus pensamientos pasan a ser pequeños e inhibidos y, como consecuencia, lo mismo ocurre con tus palabras y acciones. Así, sientes tu potencial limitado, lo cual significa que te estás limitando al permitir que las preocupaciones ocupen siempre un lugar destacado en tu mente.

Si tienes tendencia a preocuparte —si este es tu caso, no eres el único—, tu mente empezará a sentir una mayor calma y sensación de espacio si practicas aunque sea unos pocos minutos de meditación: céntrate en la respiración y suelta los pensamientos al espirar. En vez de aferrarte a las preocupaciones y dar vueltas en torno a ellas constantemente, desgastando así tu mente, empezarás a reconocerlas por lo que son y permitirás que se disuelvan o se vayan.

CÉNTRATE EN LA FELICIDAD

Si cada día pudieses sacar una foto de tu felicidad, ¿qué aspecto tendría? Un día podría ser un rostro familiar, otro día algo completamente nuevo y sorprendente. Podría ser un miedo que abrazaste y traspasaste. Podría ser una conexión que realizaste. Cada día es una oportunidad para ser feliz. Si cada día emprendes una pequeña acción en pos de tu felicidad, con el tiempo estas pequeñas acciones cambiarán el panorama general de tu vida y la transformarán.

DONDE HAY MIEDO HAY ESPERANZA

Me encuentro con muchas personas que sienten que podrían hacer mucho más si fuesen capaces de desprenderse de sus miedos y angustias. Pero en lugar de intentar ignorar los miedos, tal vez sea conveniente mirarlos directamente, aceptarlos y después caminar a través de ellos. Si puedes mirar tus miedos y preocupaciones desde otro ángulo, a menudo encontrarás algo inspirador, algo que realmente quieras hacer con tu vida. Alguien que tiene miedo de casarse, por ejemplo, también sabe en lo profundo la felicidad potencial que contiene el compromiso con una relación amorosa. Exactamente en el mismo lugar en que imaginamos el fracaso se halla el éxito. No debemos sentir ninguna vergüenza o arrepentimiento cuando nos alejamos de nuestros miedos, pero, también, ¿por qué no saltamos dentro de ellos y los usamos para inspirarnos? Contienen un gran potencial para nuestro crecimiento.

Ningún lugar donde esconderse

Kate no practica el budismo pero acude a los retiros para conocer las enseñanzas filosóficas, para explorar nuevas ideas:

He estado de retiro tres veces en Druk Amitabha Mountain y cada vez me hallo confrontada con la comprensión de que allí no hay ningún sitio donde esconderse, sea física mental o emocionalmente. La imagen que tengo de mí misma aflora enseguida y después se desmorona, puesto que pronto me doy cuenta de que no soy especial, a la vez que comprendo que todos somos tan especiales e importantes como los demás. Llego con las etiquetas «no soy budista», «soy tímida» y «no soy una persona para estar en grupos», pero después me doy cuenta de que, para las monjas, no soy más que una huésped que está con ellas unos pocos días, sin que ninguna etiqueta sea necesaria. Recuerdo que una mañana recibí malas noticias por teléfono y salí del dormitorio llorando. Al pasar al lado de una monja, me tocó la cara y dijo: «No tengas miedo». Es divertido; sin ser el inglés su primera lengua me hizo darme cuenta de hasta qué punto puedo permitir que el miedo y la ansiedad se interpongan en el camino de mi felicidad. Pero también puedo ser bastante buena a la hora de soltar y lanzarme, a la hora de intentar cosas. Así es como acabé en este increíble lugar ubicado a los pies del Himalaya, el lugar que me ayuda a dejar de lado las inquietudes, a ser yo misma sin la necesidad de etiquetas, a seguir lanzándome.

¿POR QUÉ NO?

Me encanta esta pregunta. ¡Hace feliz a mi mente!

Es comprensible que las personas a menudo caigan en la trampa de intentar encontrar excusas por las que no deberían hacer lo que su corazón desea, por las que deberían permitir que algún tipo de miedo o ansiedad las apartara de su anhelo. Pero estas tres cortas palabras —¿por qué no?— nos ayudan a disolver los monstruos y nos impulsan hacia delante. ¿Por qué no intentarlo? ¿Por qué no correr el riesgo? ¿Por qué no dar el salto? Mucha gente de negocios muy famosa y de mucho éxito cuenta historias, con una gran sonrisa en la cara, acerca de todas las veces que intentaron algo y fracasaron. Nos podemos preguntar por qué están tan felices con sus fracasos, pero ninguna de estas personas se sintió nunca triste por intentar algo, incluso aunque no siempre funcionara. Parece que incluso los baches del camino pueden ser fuente de felicidad de alguna manera.

No estoy diciendo que necesitemos asumir riesgos para ser felices, pero sí que deberíamos estar menos controlados por los pensamientos limitantes que nos impiden intentar las cosas. Las dudas les dan a nuestras mentes la impresión de que están ahí para protegernos, pero es cuando nos permitimos ser vulnerables cuando a veces hacemos las cosas más asombrosas con nuestras vidas. Nos enamoramos o llevamos a cabo algo que nunca creímos posible. Ampliamos los límites de nuestras mentes, creando más espacio para crecer.

DESARROLLA TU VIDA

Si de algún modo tienes miedo de hacer lo que realmente quieres hacer en la vida porque sientes que te falta apoyo o alguien en quien confiar en caso de que las cosas vayan mal, es el momento perfecto para que te desarrolles a ti mismo. Estás pasando por alto la única persona en la que puedes apoyarte, la persona que te da fuerza y valor. Esta persona eres tú.

Mucha gente ha perdido la confianza en sí misma. Temen que si cometen un gran error no habrá nadie allí para recogerlas, de modo que consideran que es mejor apostar sobre seguro y evitar los riesgos en la medida de lo posible. Esta posición es muy comprensible, pero se basa en la invención o autoengaño de que si nosotros no cambiamos, el mundo que nos rodea tampoco va a cambiar: nuestro empleo estará garantizado, nuestra casa será segura, etcétera. Pero el mundo de la empresa se está transformando todo el rato; de hecho, la economía mundial se colapsó casi totalmente tan solo hace unos pocos años.

Nada es seguro; nada permanece igual para siempre. Así que cuando miras dentro de tu corazón, bajo las preocupaciones, miedos e incertidumbres, y ves al tú confiado que se siente inspirado por algo o quiere tomar una nueva dirección, permítete empezar a conectarte con esa confianza interior e interactuar con ella. Verás que la vida es demasiado corta como para perder demasiado tiempo considerando los cincuenta posibles escenarios que pueden resultar de una decisión o elección. ¿Por qué no ves por ti mismo lo que va a ocurrir y experimentas realmente la riqueza de tu vida?

LLEVA LOS PENSAMIENTOS POSITIVOS A LA ACCIÓN

Pregúntate: si pudieses hacer del mundo un lugar más feliz hoy y no pudieses fallar, ¿qué harías? Puede ser que quieras contemplar esta cuestión o bien que prefieras escribir tus pensamientos —lo que sea mejor para ti—. Piensa en aquello que realmente te motiva. En mi caso, siempre me siento «activado» cuando pienso en lo que podríamos hacer en cuanto a ser más amables con el entorno y la naturaleza. Nosotros hemos convertido estos pensamientos en acción apartando todos nuestros desechos para reciclarlos, instalando paneles solares y pidiéndoles a nuestros huéspedes que sean conscientes de su uso del agua cuando visitan nuestros monasterios.

Así que hoy te invito a que conviertas tus pensamientos positivos en palabras y acciones positivas, profundices en tus conexiones e interacciones con el mundo que te rodea y compartas el maravilloso amor y la gran bondad que tienes en el corazón.

SENTIR LOS MIEDOS

> *Los hombres vienen y van, cabalgan y bailan, y nunca dicen una sola palabra sobre la muerte. Todo está siempre bien. Después, cuando viene la muerte –y se los lleva a ellos, o a sus esposas, a sus hijos, a sus amigos...– y los pilla desprevenidos, ¡qué tormentas de pasión les abruman, qué llantos, qué furia, qué desesperación! Privemos a la muerte de su rareza, frecuentémosla, acostumbrémonos a ella... Practicar la muerte es practicar la libertad.*

MONTAIGNE

Nosotros contemplamos los cinco recordatorios (citados más abajo) para ayudarnos a liberarnos del miedo. Han sido diseñados para recordarnos la naturaleza cambiante de la vida. Cuando pensamos en ellos, nos aferramos menos a nuestras creencias y miedos acerca de lo que podría o no suceder. Si tenemos miedo de soltar porque hemos sido heridos en el pasado, si hemos experimentado decepciones o si nuestros errores pasados aún invaden nuestra imaginación, tenemos que recordarnos vivir en el presente, apreciar todo lo bueno que hay hoy en nuestras vidas, saber que haremos todo lo que podamos en el día de hoy y no vivir bajo el nubarrón de las expectativas.

1. No hay manera de evitar envejecer.
2. No hay manera de evitar la enfermedad en algún momento de la vida.
3. No hay manera de evitar la muerte.
4. Todo aquello y todos aquellos que amo están sujetos a la naturaleza del cambio. No hay manera de evitar verse separado de ello y de ellos.

5. Las únicas cosas que poseo son mis pensamientos, mis palabras y mis acciones. No hay manera de evitar sus consecuencias; son el suelo que piso.

Contemplar estas afirmaciones nos permite traer suavemente nuestros miedos a la conciencia. En vez de negarlos, los ponemos en un contexto que nos recuerda que son los mismos miedos que tienen todos los demás. No podemos detener el tiempo; a cada segundo que envejecemos nos acercamos a la experiencia de la enfermedad en algún momento de la vida —aunque, por supuesto, es mucho lo que podemos hacer para fomentar la buena salud—, y finalmente moriremos. Una vez que aceptamos esto realmente, despertamos a nuestras vidas tal como estas existen en este mismo momento: disfrutamos de nuestras relaciones, en vez de buscar las rupturas; hacemos todo lo que podemos para cuidar nuestro cuerpo y conservar la salud; aceptamos los errores y heridas pasados, pero no seguimos permitiendo que influyan sobre nuestro presente o nuestro futuro.

Los cinco recordatorios son crudos y francos, y a causa de esto pasan a través de las habituales capas de excusas y justificaciones que usamos para no enfrentar nuestros miedos —para mantener el statu quo de nuestra vida en lugar de probar otras cosas—. Cuando seas honesto, tu naturaleza interior saldrá a la superficie, y podrás empezar a sentirte más cómodo en tu propia piel y menos temeroso en cuanto a la forma de manejar tu vida. Oirás lo que hay en tu corazón y tendrás el valor de seguir lo que te estás diciendo a ti mismo.

La comprensión de que la única manera de cambiar tu vida es cambiar tus pensamientos y tus acciones, te libera para que te centres en lo que puedes mejorar, en vez de aferrarte a los errores que cometiste o a las heridas que recibiste, pero que ya no están ahí. Lo que realmente importa es *hoy*. Regresa a tu presente y vivirás la riqueza de tu vida.

El tiempo no espera a nadie, así que ¡no pospongas tu felicidad ni un minuto más!

¡ACUÉRDATE DE ABRAZAR TUS MIEDOS!

- Nunca puedes estar seguro de lo que te depara el futuro, así que comprométete hoy mismo a dejar de gastar tanto tiempo y energía mental en preocuparte por él.
- Inspírate en tus miedos. A menudo contienen el mayor potencial para tu crecimiento.
- Pregúntate: «¿Por qué no?». ¿Por qué no correr ese riesgo? ¿Por qué no intentarlo?
- Si tienes miedo pero quieres salir de tu zona de confort para intentar algo nuevo y emocionante, practica la concentración en la respiración, tal como se ha explicado en el capítulo 4, y mientras tu cuerpo y tu mente se relajan pregúntate: «¿Qué quiero realmente?». Nunca temas escuchar a tu corazón.
- A medida que te vayas conectando con tu naturaleza y tu voz interior por medio de la meditación y la atención plena, tu confianza aumentará.

UN ACTO FORTUITO DE FELICIDAD

Piensa en tres puntos fuertes que tengas. Por ejemplo, ¿eres amable, creativo, bueno para los detalles, un buen negociador, adaptable, optimista o un buen líder? ¿Cómo puedes hacer uso de estos tres puntos fuertes hoy para beneficiar de alguna manera a los demás?

10

Sé amable con todas tus emociones

*Por cada minuto que estás enfadado te pierdes
sesenta segundos de felicidad.*

RALPH WALDO EMERSON

Las emociones negativas tales como la ira, la codicia o el orgullo corroen el equilibrio mental y la felicidad. Pero en vez de intentar reprimirlas o ignorarlas es mejor ser más conscientes de cuándo y de dónde vienen. Si reconoces las emociones negativas y comprendes por qué las estás experimentando, será más fácil que las sueltes.

Uno de los mayores obstáculos a la felicidad, del que soy testigo cada vez más a menudo, es la ira. Esto me entristece mucho. Por una parte está la ira extremadamente peligrosa, creada por la mente de un terrorista o de alguien que hace daño a otro ser humano. Y por otra parte está la ira que veo cotidianamente en las calles. Hoy día las personas parecen enojarse sin que medie apenas provocación alguna. Puedes sentir cómo la ira crece en ellas incluso cuando permanecen ahí sentadas; o puedes ver cómo alguien cruza por delante de otra persona y sentir cómo se enciende inmediatamente su ira, como cuando se enciende una cerilla.

A veces puede parecer que las normas aceptadas en cuanto al comportamiento de una sociedad fomentan este tipo de ira; las normas le dan a la gente el sentimiento de que tiene derecho a estar enfadada. Una mujer inglesa me contó que en los trenes de allí hay vagones marcados como *silenciosos*; esto es una buena idea en principio, pero cuando alguien no ve el cartelito y se pone a hablar por teléfono, habrá personas a su alrededor cuya furia empezará a cocerse a fuego lento, para finalmente hervir, y entonces lanzarán miradas de desaprobación al culpable, mientras apuntan a las señales. Por supuesto, entiendo que todos intentamos actuar de acuerdo con un buen conjunto de principios éticos, pero nos hemos vuelto muy rápidos a la hora de enojarnos cuando otras personas no conocen las reglas o tienen un conjunto distinto de ideas. Tengo que admitir que puedo ser bastante parlanchín, así que estoy seguro de que me habrían hecho callar en uno de esos vagones; pero es la ira contenida en la reacción lo que me preocupa. Todo lo que hace es causar sufrimiento, sobre todo en la persona que se está aferrando a esa ira.

Si no somos amables, no podemos alojar la felicidad en nuestras mentes. Si no somos amables con los demás, con la naturaleza y con nosotros mismos, no le estamos dando una oportunidad a la felicidad. Así que incluso cuando te miras muy honestamente al espejo y al principio no te gusta lo que ves sé amable contigo mismo y también con todas tus emociones. Si no puedes tener compasión de ti mismo, ¿cómo puedes ayudar a hacer del mundo un lugar más feliz? Estás desperdiciando todo tu asombroso potencial al concentrarte en sentirte mal por aquello que no te gusta de ti y de los demás.

No necesitas llevar tu ira contigo

La pasión de Carrie es su fuerza, pero ocasionalmente todos necesitamos reconocer cuándo nuestras emociones nos están estorbando. Siguen siendo muy importantes, pero podemos desarrollar la confianza de reconocerlas y después soltarlas, en vez de cargar con todas ellas:

Estaba participando en un Pad Yatra cuando nos encontramos con un hombre que resultó que estaba comprando piezas históricas a precios muy bajos en las aldeas locales con la intención de obtener una gran ganancia con ellos al regresar a su país de origen. Soy abogada y me sentí muy indignada por el proceder de ese hombre, de modo que me enfadé mucho con él allí mismo, en pleno sendero de la montaña. Sentía que tenía que defender a los lugareños y sus aldeas, algunas de las cuales visitaríamos a lo largo de la ruta del Yad Patra. La discusión llegó a ser tan acalorada que casi llegamos a las manos, lo cual fue una estupidez por mi parte, porque ese hombre bien pudo haberme empujado fuera del camino, y entonces me habría precipitado por la ladera. Afortunadamente nadie resultó herido, pero aún estaba muy enfadada cuando, más tarde ese mismo día, fui a hablar con Su Santidad. Se lo conté todo y le dije que debíamos asegurarnos de que ese hombre fuese arrestado y procesado. Su Santidad me dijo que sí, que nos aseguraríamos de ponerlo en conocimiento de las autoridades, para que estas decidiesen lo que hacer, pero después me miró fijamente y se echó a reír, con esa risa amable y maravillosa que él tiene. Yo estaba aún tan llena de ira que no podía creer que Su Santidad se estuviera riendo de mí, pero después me di cuenta de lo cómica que era la escena que habíamos representado: dos personas gritándose la una a la otra en la ladera de una montaña del Himalaya. Después me dijo: «¿Vas a dejar tu ira aquí o vas a cargar con ella cada día? Porque aún tenemos un largo camino por recorrer».

Es asombroso constatar que cuando miras directamente a tu ira o tu deseo, por ejemplo, a menudo se evaporan en ese mismo momento. Si bien es muy difícil hacer esto en caliente, si te das la oportunidad de investigar al respecto cuando te sientes más calmado, con frecuencia esto en sí mismo constituye una manera de salir del pensamiento negativo y ver las cosas de un modo un poco diferente.

Haz una pausa para reflexionar

Date espacio para aprender de tus interacciones o de tus amigos, por ejemplo, o de tus decepciones, e incluso de tu ira. Al ser un mejor observador de tu mente, y así pues de tus reacciones, te concederás progresivamente ese pequeño espacio que quitará algo de «calor» a las situaciones. Si no te das este espacio, más que aprender de esto podrías sentir como si todo empeorara. Y mañana, en vez de sentir felicidad o de estar motivado para llevar a cabo un cambio en tu vida o para desarrollar y atender a tu mente, sentirás como si tuvieras una resaca en la mente y el corazón. Esta resaca es como una pesadez que toma el control, lo cual puede ser la causa de una gran cantidad de sufrimiento innecesario, y en vez de predisponerte a averiguar qué cosas interesantes te depara el día permaneces atrapado en la negatividad.

Nuestras emociones son nuestras maestras y habitualmente nos advierten de cuándo tenemos que interactuar más, en vez de seguir conteniéndonos y sintiendo frustración, celos o miedo ante lo que podría ocurrir. Así que cuando tengas un enfrentamiento con alguna persona, no huyas o no te dejes llevar por emociones como la ira o la decepción. Concédete un segundo y permite que surja un espacio entre tú y la ira. Date cuenta de que la sensación de ira en tu cuerpo no es más que una sensación fugaz, como una nube que cubre momentáneamente el sol. Permite que pase, en lugar de aferrarte a ella. Entiende que no eres la ira, sino que estás experimentando ira. Entonces recibirás una de las mayores lecciones de todas.

Si no hay ningún espacio entre tú y tus emociones, la ira y la impaciencia aparentan ser instantáneas, puesto que no tienes ningún control sobre ellas. Necesitarás realizar un gran esfuerzo consciente, pero si puedes conseguir que se abra aunque sea la más pequeña brecha entre el pensamiento que tienes y las emociones que se apresuran a surgir, empezarás a permitir que el río de tu mente fluya un poco más suavemente alrededor de las rocas y por los rápidos; no porque vayas a ir ciegamente a la deriva, zarandeado por los movimientos del agua, sino porque te estarás convirtiendo en un gran navegante, consciente de lo que estará ocurriendo a tu alrededor. Empezarás a percibir que te sientes más preparado para ser amable con tus emociones, que tienes más tiempo para encontrarte amablemente con los obstáculos que aparezcan en tu vida y fluir alrededor de ellos, en vez de dar bandazos de una reacción extrema a otra. Al hacer esto llegarás a disfrutar mucho más del viaje: dispondrás de tiempo para mirar alrededor y advertir toda la belleza que te envuelve, y tendrás la oportunidad de escuchar tanto los pájaros como a las personas que amas, en vez de que todo quede ahogado bajo la cascada de tus pensamientos y emociones.

Por supuesto, continuarás sintiendo todas esas emociones, pero al hacer un poco de espacio a su alrededor podrás llegar a conocerlas mejor y comprender de dónde vienen. El mejor momento de practicar es cuando sientes una emoción como la ira o la impaciencia: no tienes que ver tus emociones como enemigas, lo que haría que te encontrases aún más molesto al sentirte mal por ser una persona iracunda o impaciente, pero puedes darles la vuelta a las cosas y usarlas a tu favor. En lugar de rechazar las emociones piensa en cómo podrías transformarlas. Es como luchar con alguien que es mucho más fuerte que tú: lo mejor es hablar con esa persona; y lo mismo es válido en el caso de tus emociones. Investígalas, pregúntate cuál es su propósito y recuérdate que sea lo que sea lo que ocurra en el momento no tienes por qué aferrarte a tus reacciones.

Si te apegas a la ira, acabarás quemándote. Cuando te sientes tan seguro acerca de tus propias definiciones de lo que es correcto e incorrecto, alejas la felicidad de ti con tu terquedad y aferramiento al ego. Reproduces discusiones o situaciones en tu cabeza una y otra vez, y de esta manera, en lugar de fomentar tu paz, te sientes aún más indignado o herido. La ira y otras emociones negativas cierran la mente;

hacen que todo se sienta muy apretado, como si no pudieras respirar. Una mente llena de odio destruye todo lo bueno y corroe tu capacidad de sentir compasión y bondad. Es imposible que sientas alegría si la ira te consume.

Yo le digo a la gente: «Siéntate en tu cojín y mira tus emociones». Cuando quitamos todas las distracciones de la vida nos quedamos solos con nuestras mentes. Entonces podemos usar lo que hay en estas para practicar la paciencia, la compasión y el amor, y las emociones como la ira y los celos empiezan a disolverse en el vacío. Me gusta la frase «todas las cosas son iguales», porque, al fin y al cabo, todas las cosas *son* iguales. Nada es permanente, todo se desvanece, así que ¿por qué aferrarse tan fuertemente a lo que ya no está ahí?

Esto conllevará muchos años de práctica, pero la parte buena es que basta con una pequeña comprensión para que avances mucho en el camino del desarrollo de tu vida y del florecimiento de tu felicidad.

LA FELICIDAD ES PACIENTE

Si tienes paciencia y tolerancia, puedes tener muchas cosas. Si practicas la paciencia, permites que se abra muy gradualmente un espacio que al menos empieza a permitirte pensar y ser más transigente con personas o en situaciones que normalmente te harían infeliz. Desde la distancia, incluso desde la más pequeña de las distancias para empezar, el conjunto de la escena pintará mucho mejor.

La gente puede comportarse equivocadamente desde tu punto de vista, de una manera que encuentras difícil de aceptar porque no encaja con tus deseos y creencias. Quieres que todo el mundo te comprenda, pero no puedes aceptar a los otros tal como son. Si no intentas ser tolerante, darles a los demás la oportunidad de que vivan sus propias vidas, este tipo de impaciencia puede convertirse en un gran obstáculo para tu felicidad.

Cuando te hallas en una situación difícil con otra persona, la principal manera de practicar la paciencia es ponerte en los zapatos de esa persona. Haz una respiración y recuerda que ella está intentando arreglárselas en su propia vida, y que tiene una comprensión tan equivocada y un apego tan grande a sus creencias como los tienes tú mismo cuando estás en caliente.

Si no practicas la paciencia, eres incapaz de controlar tu ira llegado el momento y pronto tu felicidad se ve cubierta por sentimientos negativos dirigidos hacia los demás, la vida, el universo y a veces tú mismo. Caes en la trampa del juego de la culpa.

CONTEMPLA TU DÍA A DÍA

- ¿Cómo me relaciono con lo que está ocurriendo en mi vida?
- ¿Qué desencadena emociones negativas en mí?
- ¿Qué intentaré cambiar?

Esta clase de contemplación te da la oportunidad de reflexionar sobre tus emociones y sobre cómo podrías reaccionar de un modo diferente ante las viejas situaciones molestas.

¡ACUÉRDATE DE SER AMABLE CON TODAS TUS EMOCIONES!

- No intentes reprimir las emociones negativas. Necesitas reconocer las emociones para ser capaz de soltarlas después.
- Recuerda que todas tus emociones son válidas, pero que tú no eres tus emociones. No eres la ira, no eres la envidia...
- Si te aferras a la ira, te quemarás.
- Practica la paciencia, cada día.

UN ACTO ALEATORIO DE FELICIDAD

Cuando estés haciendo cola, o en el coche, o andando hacia tu oficina –puedes estar en cualquier parte–, concédete unos segundos para desear felicidad a las personas que te rodean. Hazlo cada día, y en poco tiempo será tu segunda naturaleza. Como la concentración en la respiración, este hábito del corazón hará progresivamente grande el espacio del que dispones para elegir tus reacciones emocionales a situaciones concretas.

11

Deja de comparar

La comparación es la ladrona de la felicidad.

THEODORE ROOSEVELT

Cuando examinas tu vida y empiezas a evaluar tu propia sensación de felicidad, ¿te comparas con los demás? Hoy día la gente lo está comparando siempre todo, para establecer algún tipo de orden o *ranking*. Incluso los niños pequeños, en sus primeros años de educación, son evaluados y comparados con los demás. Parece como si no supiéramos quiénes somos si no es en relación con otros —«mejor que él», «con menos éxito que ella»...—. El estatus pasa a ser una forma de medir la felicidad. Así que si lo hacemos muy bien en comparación con los demás, pensamos que somos también más felices.

Se nos educa en la creencia de que la competición es saludable: nos dicen que es la mejor manera en que podemos estimularnos a esforzarnos y a querer mejorarnos a nosotros mismos y mejorar nuestras circunstancias; nos aseguran que da lugar a un ambiente de expectativas que, a su vez, eleva el nivel general de la sociedad. Pero realmente no comprendo cómo puede hacer sentir bien ganar cuando otro pierde.

La comparación es una carga muy pesada de llevar sobre los hombros. Puedes sentir envidia de los demás, puedes dudar de ti mismo o de tus capacidades y sentir que no eres lo suficientemente bueno cuando te comparas con los otros. La búsqueda de la perfección, o intentar ser alguien «incomparable», carcome a la gente desde dentro, porque la perfección es una meta imposible. La decepción resulta inevitable.

DESARROLLA LA FLEXIBILIDAD MENTAL

¿Qué es el estatus? ¿Por qué hemos hecho de él, de alguna manera, una condición para la felicidad? Después de todo, siempre habrá alguien «mejor» que nosotros en nuestras mentes.

Pensamos que si impresionamos a los demás de alguna manera, sentiremos una oleada de felicidad. Pero cuando empezamos a creer que somos mejores que los otros, nos aislamos en nuestra superioridad moral y nos negamos la posibilidad de conectar e interactuar plenamente con ellos.

Cuando participé en nuestro primer Pad Yatra, apenas me podía mover tras haber pasado el primer día recogiendo basura en nuestra travesía por las montañas. Al día siguiente estaba tan agarrotado que me era difícil doblarme para asir cualquier cosa, pero nunca olvidaré la gran lección que nos dieron nuestros cuerpos ese día: si nunca nos doblamos, nuestros cuerpos se vuelven muy inflexibles y se bloquean, y es cada vez más difícil hacerlo. Lo mismo ocurre con nuestras mentes: si no practicamos inclinarnos para mirar a la persona sin techo a los ojos cuando le damos comida o calderilla, si no practicamos inclinarnos mentalmente para tener en consideración los pensamientos de las personas que amamos, sino que nos limitamos a seguir nuestra vida pensando siempre que estamos en un nivel superior, no conoceremos nunca el verdadero sufrimiento, nos perderemos muchas de las lecciones que ofrece la vida y nunca lograremos la auténtica felicidad.

Estamos todos comparando constantemente cuando nos encontramos todos en el mismo barco, intentando llegar al mismo lugar.

DEJA QUE LAS COSAS SEAN

Si podemos liberar nuestras mentes de la crítica constante, los desacuerdos y las preocupaciones, de desear que las cosas y las personas sean diferentes; si podemos, mentalmente, *dejar que las cosas sean*, nos sentiremos mucho más cómodos. Desarrollar flexibilidad en nuestras mentes nos da mucha libertad. No estoy diciendo que no sea importante cuestionar o investigar, o sentir curiosidad por las cosas, pero en lugar de investigar todo lo demás —«el problema con esto y con esto es...»—, podríamos practicar permitir que los demás sean ellos mismos mientras trabajamos en la persona que nos gustaría ser.

Muchos de nosotros podemos ser entrometidos y poner de los nervios a los demás. Como resultado puede haber una pequeña desarmonía o, en situaciones más serias, tal vez nos peleemos. En los peores casos, la desarmonía y el desacuerdo llevan a la guerra. Cierto grado de autocontrol o disciplina es absolutamente necesario, por tanto, en aras de la paz individual y la armonía colectiva.

De niño, acostumbraba a ser muy iracundo. A mis ojos ningún monje ni monasterio era lo suficientemente bueno; todo estaba mal. Mi padre siempre me recordaba que debía mejorarme a mí mismo y cambiar mi actitud, y que este tipo de mejora interior me haría más feliz y menos iracundo, porque mi percepción general sería más positiva.

Más recientemente he intentado ser menos entrometido durante los Pad Yatras. Recuerdo uno en particular en el que vi a varias personas hacer cosas con las que no estaba de acuerdo: monjas que usaban demasiada agua y se lavaban siempre que tenían la oportunidad, monjes que comían en exceso, extranjeros que hablaban demasiado... Si hubiese dejado que todo eso me afectara, habría tenido una experiencia horrible, así que me dije: «Vamos, déjalos; mientras no se excedan, déjalos que se diviertan un poco». Si no hubiese hecho esto, podría haber acabado supervisando todo lo que hacían: cómo cortaban sus patatas, cómo cocinaban su comida e incluso cómo plantaban sus tiendas. Y habría estado tan ocupado con las acciones de los demás que yo mismo no habría tenido tiempo para hacer nada.

En cierto sentido, es porque nos preocupamos mucho de los demás por lo que andamos supervisándolos; nuestra bondad y nuestra preocupación nos mueven a decirles lo que deberían y lo que no deberían hacer, incluso cuando esta no es nuestra función. Así que siempre tenemos que revisarnos a nosotros mismos, y el primer paso que hemos de dar es mirar dentro y evitar mirar fuera.

Ocuparnos de nuestros propios asuntos no es lo mismo que ser indiferentes o ignorantes. Deberíamos ocuparnos de lo nuestro en vez de juzgar a los demás, pero también prestar ayuda siempre que esta se precise. En cierto sentido, es como si todos fuéramos padres de todos los demás: observamos a nuestros hijos desde una esquina cuando están aprendiendo a caminar, dejando que usen plenamente su potencial, sin interferir, pero permanecemos siempre allí para atenderlos cuando se caen.

VIVE LA VIDA CON OSADÍA

Cuando las personas se sientan juntas para charlar, tienden a encontrar muy fácil quejarse o criticar. Es muy difícil que elogien a los demás, especialmente a quienes no les gustan. Pienso que el ego acapara tanto la conversación que en estos casos se olvidan de ser atrevidamente diferentes, atrevidamente positivas y atrevidamente comprensivas.

Alimentamos a nuestros egos para que se sientan bien momentáneamente, pero después, cuando el momento ha pasado, no nos sentimos muy bien. Temporalmente pudimos habernos sentido parte del grupo, tal vez incluso sentimos que las mismas quejas que compartíamos eran lo que nos unía, pero en última instancia las quejas ponen más barreras, porque no son nuestros verdaderos yoes los que se están juntando, sino solo nuestros egos. Nuestros egos caen en la trampa de sentirse superiores, pero después somos conscientes de cómo este sentimiento se desvanece con rapidez. Este reconocimiento es nuestra auténtica naturaleza haciendo acto de presencia. Es en estos momentos cuando tenemos la ocasión de ver la diferencia entre el ego y nuestra naturaleza, así que seamos osados y agarremos estas oportunidades.

Un héroe es alguien que se atreve a vivir una vida feliz, conquistando su ego y controlando esas emociones de celos, inseguridad u orgullo que nos hacen hacer o decir cosas para herir a los demás. Está bien cometer errores, si bien requiere valor aprender de ellos, desear ser una mejor persona. Pero con la voluntad de mejorar andarás tu camino, poco a poco. Y un día, sin tan siquiera advertirlo, te habrás convertido en una persona grande y buena.

¿Cuáles son tus auténticos valores e intereses?

La felicidad pertenece al autosuficiente.

ARISTÓTELES

Tomarte el tiempo de leer un libro como este que tienes entre las manos es como meditar: te da un poco de espacio en el que puedes explorar lo que realmente te caracteriza como persona, lo que realmente importa. Si no hubiera nadie mirando, ¿qué clase de persona te gustaría ser? Si soltaras la necesidad de recibir elogios o aprobación, si no te importara si alguien reparara o no en ti, ¿quién serías?

En las enseñanzas budistas intentamos desarrollar las habilidades humanas de la paciencia y la tolerancia y procuramos no ocuparnos tanto de los asuntos de los demás. A la vez, desarrollamos nuestros propios valores e intereses por medio de explorar cómo nos sentimos realmente en relación con la vida, la clase de persona que nos gustaría ser y qué tipo de acciones serían coherentes con esos valores. Cuando nuestros pensamientos, palabras y acciones están unidos, realmente entramos en la corriente de nuestras vidas.

Podemos usar las experiencias que nos proporciona nuestro día a día para explorar nuestros valores, puntos fuertes y pasiones:

> ¿Reaccionamos de la manera como nos habría gustado reaccionar en esa situación?

> ¿Desearíamos desarrollar un aspecto de nosotros mismos del cual tuvimos un vislumbre hoy?

> ¿Estamos viviendo una vida que realmente capta nuestra atención?

¿Cómo respondes a las críticas?

¿Tiendes a tomarte las críticas personalmente? ¿Eres rápido a la hora de llegar a la conclusión de que alguien te está criticando solo por algo que dijo o hizo? ¿O tal vez necesitas los elogios de los demás para sentirte digno y aprobado —para tener la seguridad de que eres lo suficientemente bueno?

Si te afectan mucho tanto las críticas como los elogios, necesitas practicar ser más autosuficiente. Familiarízate con tus puntos fuertes, de tal manera que puedas sentirte bien contigo mismo sin que necesites que los demás te los recuerden. Cuando sientas el primer indicio de crítica, intenta concederte un poco de espacio, para que puedas ver qué es lo que la motiva, en vez de llevarla enseguida al corazón y sentirte herido. ¿Te ayuda en algo esa crítica? Si es así, maravilloso; tómatela como una lección y una oportunidad de crecer o aprender. Si en cambio es fruto de la ignorancia, ten el valor de mirarla lo suficientemente de cerca para ver si aun así puede contener una lección, a la vez que comprendes que esta crítica puede estar diciendo más cosas de la persona que la ha vertido que de ti.

Sé consciente de que si reaccionas muy fuertemente frente a las críticas, puedes ser, por tu parte, un duro crítico. Si eres capaz de practicar ser menos crítico o enjuiciador de los otros habrás avanzado mucho a la hora de manejar con menos dramatismo las críticas que te hagan. Si estás luchando siempre por ser perfecto y te enciendes cuando la gente subraya la realidad de que por supuesto eres menos que perfecto, practica la paciencia con los puntos de vista de los demás y la aceptación de dichos puntos de vista. Si piensas que alguien está siendo rudo contigo, pregúntate: «¿Y qué? ¿Es realmente esto importante para mi vida?». De cualquier modo, normalmente la crítica surge de la falta de comprensión. Incluso si la otra persona es muy ignorante, tú no necesitas responder con ignorancia o ira. Tus normas y creencias pueden parecerte exactamente correctas y «apropiadas», pero no son más que un conjunto de etiquetas. No son la «verdad universal».

Muchos de nosotros queremos tener un «buen juicio», para sentirnos orgullosos de nosotros mismos por habernos formado la impresión correcta sobre alguien o algo, o sobre una situación. «¡Lo sabía!», les susurramos a nuestros egos, hinchándonos como un globo, de modo que apenas podemos pasar por la puerta. Si bien es importante que escuchemos bien nuestra sabiduría interior, es también útil que seamos conscientes de la diferencia entre sabiduría y ego, para que mentalmente dejemos que las cosas sean, en vez de juzgar y ser críticos. Los tibetanos tienen un gran refrán para referirse a esto: «Es más fácil ver una mosca en la nariz del otro que un caballo en la nuestra».

El espacio entre la situación y la reacción

Clara ha crecido con la creencia de que ella es sencillamente de una determinada manera, pero ahora está soltando amablemente sus creencias y permitiendo que surja un poco de espacio entre las situaciones externas y sus reacciones a ellas:

La gente cree que soy una persona muy tranquila y relajada, y esto es ciertamente en parte verdad. Tengo un empleo, una familia y unos amigos maravillosos. En realidad no tengo nada de lo que preocuparme, y aun así me preocupo, especialmente por lo que los demás puedan pensar de mí. Entro en una sala llena de gente y asumo que nadie va a querer hablar conmigo. Siempre me he etiquetado a mí misma como alguien tímido e introvertido, pero ahora mis amigos se ríen de esto y me recuerdan que en realidad hablaré con todas las personas de esa hipotética sala, que probablemente seré la persona menos tímida e introvertida de las presentes.

Me he dado cuenta de que mi perfeccionismo es lo que más me bloquea de cara a experimentar la auténtica felicidad. El perfeccionismo me hace muy rápida a la hora de criticar a los demás y me provoca disgustos ridículos cuando alguien me critica. En ocasiones la persona no pretendía ser crítica conmigo en absoluto, sino que solo me estaba indicando la manera de hacer algo. Otro ejemplo es que me siento ignorada cuando todo lo que ocurre es que esas personas están sencillamente ocupadas en sus asuntos.

Ser la observadora de mi mente está empezando a aportarme un poco de comprensión sobre lo que ocurre en estas situaciones. Me encuentro con que soy capaz de reflexionar acerca de por qué puedo haberme disgustado o por qué he sido crítica con los demás y suelto las emociones asociadas con esto con mayor rapidez. Mi compromiso en cuanto a ser menos crítica y a estar menos apegada a mi propio sentido de la perfección está empezando a dar fruto; solo muy ocasionalmente hasta ahora, pero sé que con mucha práctica seré capaz de ampliar el espacio que hay entre la situación que acontece y mis reacciones emocionales. No se trata de que pierda mi pasión en ningún sentido o de pasar a ser, de pronto, alguien que nunca tendrá opiniones que difieran de las de los demás, pero espero poder lidiar mejor con las diferencias y aprender a asumir las lecciones de las críticas si me son útiles, y permitir que dichas críticas se desvanezcan si están diciendo más de la otra persona que de mí misma y no merecen que me moleste por ellas.

LA ALEGRÍA DE LA SATISFACCIÓN

Desde mi punto de vista, la felicidad es satisfacción. Esto les puede sonar raro a algunas personas; la felicidad no parece estar muy relacionada con el placer o quizá incluso con la alegría. Pero, desde mi punto de vista, si estoy satisfecho con algo, por ejemplo con una relación, o con el trabajo que estoy realizando hoy, o con la comida que estoy ingiriendo, entonces soy feliz; estoy lleno de alegría. No es el tipo de satisfacción que proviene de obtener algo o de lograr una condición que establecí para permitirme ser feliz sino que es una satisfacción hija de la relación que existe entre yo y mi vida tal como es, en este momento. Es la comprensión de que independientemente de cuánto puedan cambiar las circunstancias externas son mis propias percepciones las que otorgan significado a estas circunstancias. Si sé que lo he hecho lo mejor que he podido, que mis intenciones han sido buenas, puedo aceptar mejor lo que no puedo controlar y tengo la llave para abrir la cerradura de mi felicidad y mi alegría.

Algunas personas pueden sentir que el éxito es la llave de su felicidad, y, por supuesto, manejarnos bien en algo puede ayudar a que nos sintamos muy bien. Pero yo creo que la felicidad viene cuando estamos satisfechos. Porque si no estamos nunca satisfechos y logramos cierto nivel de éxito solo para querer inmediatamente lograr el siguiente, continuamos sintiendo una agitación a pesar de nuestro éxito, porque, en vez de darnos la oportunidad de disfrutar o apreciar lo que tenemos en el momento presente, estamos corriendo constantemente hacia el futuro.

La satisfacción puede confundirse con la complacencia, pero para mí no son lo mismo. La satisfacción no significa que nos sentamos y pensamos: «¡Qué bien!, ahora ya puedo relajarme, porque estoy satisfecho con mi vida». La satisfacción proviene del esfuerzo gozoso, de saber que hoy lo hemos hecho lo mejor que hemos podido, de tener la capacidad de adaptarnos a los cambios y de apreciar verdaderamente nuestra vida y el amor que albergamos.

Cuando sentimos satisfacción, tenemos menos necesidad de aferrarnos a nuestro éxito, a nuestras relaciones y opiniones, y también menos miedo de perder lo que tenemos, lo cual hace que la vida sea mucho más fácil y agradable. En vez de desperdiciar nuestra energía mental con la ansiedad, comparándonos constantemente con los demás para verificar nuestro estatus en el mundo, trabajemos con la única persona a la que podemos influir: nosotros mismos. En vez de exigir que nuestras parejas o amigos sean de una determinada manera, intentemos ser nosotros mismos el compañero o el amigo más solícito y amoroso, y dejemos que los otros sean ellos mismos.

Un día libre de opiniones

Durante el día de hoy, suelta tus opiniones. Tanto si tiendes a ser crítico con los demás como si tiendes a serlo contigo mismo, hoy practica dejar que las cosas sean.

> - Si eres alguien a quien siempre le piden consejo, tómate un día libre a este respecto y pregunta a los demás qué sienten en el corazón que deberían hacer; pídeles que escuchen su propia sabiduría interior.
> - Si eres alguien a quien le gusta que las cosas «sean así», durante el día de hoy vive y deja vivir.
> - Acepta las maneras de ver y de ser de los demás. Para hacer esto no tienes que renunciar a ninguna parte de ti mismo; solo se trata de que, conscientemente, te pongas en los zapatos de otras personas durante el día de hoy.
> - Sé consciente hoy de tus palabras. Deja de lado cualquier tentación de corregir a los demás, a menos que tu intervención sea realmente útil.
> - Tómate el día libre en cuanto a efectuar comparaciones; sé fiel a ti mismo y a tus propios valores.

EL REGALO DEL SILENCIO

El silencio es un verdadero amigo que nunca traiciona.

Confucio

Creo mucho en saltar a la corriente de la vida e ir a su favor. De todos modos, también creo que hay muchas lecciones que aprender de estar en silencio. En esos momentos permitimos que nuestras mentes entren en un estado más contemplativo —o las motivamos a entrar en él—; es entonces cuando podemos realmente empezar a desarrollar nuestra comprensión.

Es muy fácil perder tiempo y energía con los chismes, incluso aunque digamos que el tiempo es precioso y que las horas del día no nos alcanzan para hacer todo lo que querríamos. Así que en vez de estar siempre hablando, siempre mirando fuera de nosotros, aprovechemos la oportunidad de estar en silencio para mirar dentro. No tengas miedo del silencio; no tengas miedo de sentarte en calma. Algunas personas no pueden permanecer sentadas ni siquiera durante unos pocos minutos sin sentirse agitadas e impacientes por levantarse y hacer algo, o al menos elaborar algún tipo de lista de tareas pendientes en sus mentes. Pero es en esos momentos cuando tu ser interior se extenderá y crecerá, y de esta manera tu vida exterior también mejorará de manera natural, sin que sea necesario que te preocupes demasiado por ello.

No podemos controlar lo de fuera, ya sean los pensamientos, las palabras o las acciones de los demás, pero nos podemos tomar algo de tiempo para explorar cómo nos estamos desarrollando como personas. En esos momentos podemos comprobar nuestras intenciones y motivaciones, y preguntarnos si nuestras propias palabras y acciones van a la par. Podemos recordarnos todo aquello que tenemos en nuestras vidas que vale la pena apreciar, podemos reconocer nuestras emociones e incluso lo que nos está perturbando, aceptarlas y permitir a nuestras vidas seguir adelante. Como decía Milarepa, se trata de «observar la propia mente, ya que sin duda es el gurú».

Si no tenemos cuidado, nuestras actitudes mentales construirán un muro alrededor nuestro. Esto puede crear obstáculos que nos impidan establecer relaciones significativas (y, en realidad, ¿no es de esto de lo que va la vida?). La flexibilidad es la clave: no seas tan rápido a la hora de criticar o no estar de acuerdo; simplemente déjalo. No hables mucho de los demás; esto es fuente de mucha negatividad. Cuando hablamos mal de los demás, estamos también teniendo pensamientos negativos. ¿Cómo puede esto ayudarnos a ser más felices?

Si no te sientes cómodo con la manera de hacer de otro, está bien; hazlo a tu manera. Pero, del mismo modo, no es necesario que impongas tu forma de ser a los demás. Celebra aquello que te hace diferente y tus puntos fuertes, en vez de preocuparte por tus debilidades o por lo que no tienes. Y ve los puntos fuertes de los demás, en vez de apresurarte a señalar lo que piensas que necesita mejorar. Actúa según tu corazón y estimula a otros a hacer lo mismo.

¡ACUÉRDATE DE DEJAR DE COMPARAR!

• Recuerda que ya eres lo suficientemente bueno. Tu naturaleza es hermosa, así que no necesitas ser mejor que nadie y no tienes por qué preocuparte de que otros sean mejores que tú.

• Practica dejar que las cosas sean. Permite que los otros sean ellos mismos —¿quiénes somos nosotros para juzgarlos?— y concéntrate en mejorar tu propia mente y tu propia vida.

• Si nadie estuviese mirando, ¿qué clase de persona te gustaría ser?, ¿cómo puedes desarrollar este aspecto de ti mismo?, ¿qué puedes hacer hoy?

• Atrévete a mantenerte alejado de los chismes y las críticas, y la felicidad te encontrará.

UN ACTO ALEATORIO DE FELICIDAD

Planta un árbol. Hace unos años organizamos una fantástica plantación de árboles; batimos el récord mundial de cantidad de árboles plantados en sesenta minutos. Fue un gran día; creo que no he visto nunca tantas caras felices.

Siento un profundo amor por los árboles; ¡nos dan tanto! Evitan que las laderas de las montañas experimenten deslizamientos de tierra que podrían destruir pueblos enteros; hacen que el aire que respiramos sea más saludable; proporcionan combustible, madera e incluso el papel en el que está impreso este libro; nos dan belleza, desde el majestuoso roble hasta el enjuto eucalipto y los pinos de montaña. Y colman nuestros sentidos... Así que si alguna vez tienes la ocasión, planta uno; de hecho, planta todos los que puedas.

12

Establece conexiones significativas

*Existe una red de tres dimensiones, ancha y vasta, que se extiende
en las cuatro direcciones a través del universo. En cada punto en
que una cuerda se encuentra con otro punto de la red hay una
joya, y esta joya refleja todas las otras joyas de la red; además, este
reflejo está también reflejado en todas las facetas de las otras joyas.
Ninguna parte de la red puede ser independiente del resto;
un solo movimiento de la red en un lugar afectará, de
alguna manera, a la parte más distante de la red o universo.
El todo está reflejado en el uno y el uno en el todo.*

Sutra de la Guirnalda de Flores

Si me preguntaras directamente en qué consiste mi felicidad, te diría que se encuentra en la interacción y en la
conexión, porque todo en la vida está interconectado y es
interdependiente. No somos islas; vivimos codo a codo con
la gente y todo tipo de seres vivos cada día. Por eso, aislarnos
y vivir encerrados en nuestro caparazón significaría que nos
estaríamos perdiendo lo mucho que tiene por ofrecer esta
preciosa vida. Como dice un amigo mío, si vivimos dentro de
nuestras cáscaras, somos nueces. ¡No seamos nueces!

Así, por ejemplo, la felicidad es para mí ir más al fondo en la conexión con mis amigos. Podemos estar manteniendo una conversación mientras estamos pensando si la otra persona es agradable o tiene un aspecto agradable, si estamos o no de acuerdo con lo que está diciendo, qué diremos nosotros a continuación. También podemos estar de cualquier otra manera totalmente dentro de nuestras mentes, pensando en la lista de tareas que tenemos que hacer durante el día o en la conversación que tuvimos con alguna otra persona. ¿Qué clase de felicidad vendrá si nos distraemos tan fácilmente, si nos es tan difícil permanecer quietos en nuestras mentes y cuerpos y prestar atención?

Sin embargo, gradualmente, por medio de la intención y de la práctica de desarrollar la atención, calmamos estos pensamientos superficiales y vamos estableciendo una conexión con la otra persona a un nivel más profundo. Sentimos que una energía se transfiere entre nosotros, empezamos a sentir cómo ponernos en sus zapatos y vemos las cosas desde su punto de vista. Tenemos la oportunidad de aprender el uno del otro.

En mi caso, una felicidad aún mayor viene cuando voy todavía más a lo profundo de mis amigos, directo a sus corazones, donde tengo la suerte de ver su hermosa naturaleza.

Esto es un proceso y requiere práctica; no es algo que ocurra sin más, como por arte de magia, sin que sea necesario ningún pensamiento consciente. En mi juventud suponía una lucha para mí, porque siempre me veía arrastrado por lo superficial, como considerar lo atractiva, joven o energética que era la otra persona. Ahora, tal vez porque me estoy haciendo mayor o tal vez porque he entrenado mi mente, me puedo tomar un poco de tiempo para «descender» y llegar al corazón de la felicidad.

Abrirse a desarrollar conexiones más profundas con la gente es gratificante, pero no siempre resulta fácil, puesto que es a través de los ojos de los demás como ves tus propios defectos —tu falta de bondad, tu falta de valor o tus envidias mezquinas—. Ves todo aquello sobre lo que te gustaría trabajar en tecnicolor, y esto puede ser doloroso para empezar. Pero te animo a seguir por ahí, porque en tus imperfecciones radica la posibilidad de transformar tu vida.

EL AMOR

Hay dos fuerzas motivadoras básicas: el miedo y el amor. Cuando tenemos miedo, nos retiramos de la vida. Cuando amamos, nos abrimos a todo lo que la vida tiene por ofrecer con pasión, entusiasmo y aceptación. Tenemos que aprender a amarnos a nosotros mismos primero, en toda nuestra gloria y con todas nuestras imperfecciones. Si no podemos amarnos a nosotros mismos, no podemos abrirnos totalmente a nuestra capacidad de amar a los demás o a nuestro potencial creador. La evolución y cualquier esperanza de un mundo mejor residen en la intrepidez y la visión, basada en un corazón abierto, de las personas que abrazan la vida.

JOHN LENNON

El amor está en el centro de la felicidad; si lo permitimos, puede estar en el centro de todo lo que pensamos, decimos y hacemos.

El amor es muy útil cuando se trata de regresar al presente. Si amamos, estamos concentrados y somos generosos, amables y alegres. Tenemos que ser valientes y dar el salto, sin saber lo que nos aguarda a la vuelta de la esquina. Tenemos que confiar en el amor, en los demás y en nosotros mismos.

¡El amor nos da muchas lecciones acerca de la felicidad! Sin embargo, necesita nuestro cuidado y atención para florecer y prosperar —como nuestras mentes y nuestras vidas—. Si no lo atendemos, puede volverse salvaje y escapar a nuestro control, o perder su riqueza, vitalidad y color.

Por supuesto, el amor por la pareja va de la mano del deseo, y por ello puede ser útil que nos revisemos para que podamos comprender cómo darle nuestra atención a la otra persona sin aferrarnos a ella. Podemos amar incondicional y generosamente sin imponer exigencias a ese amor. Este es un amor sin miedos, en el que damos felicidad sin la expectativa de recibirla, porque al dar recibimos de todos modos.

Las relaciones amorosas son fuente de mucha felicidad en la vida, pero a veces también lo son de mucha infelicidad, cuando parece que el amor se estropea. El amor nos hace vulnerables; nos abrimos al mundo, establecemos una conexión increíblemente profunda con otra persona, pero si percibimos que se nos quita ese amor, podemos sentirnos rechazados y solos, y creer que la vida es cruel.

De todos modos, estoy de acuerdo con que es mejor haber querido y perdido que nunca haber querido. Donde sea que haya amor en tu vida —no solo amor romántico, sino también el amor de familia, la amistad, el amor por la naturaleza o por lo que haces— trata de no cargarlo con tus propias necesidades. Estas necesidades corresponden a tu frágil ego; no forman parte de tu naturaleza. Son las necesidades que refuerzan tus creencias autolimitantes. Alimenta el amor con tu bondad. Si alguna vez parece que la conexión va en una sola dirección, en lugar de gritar y chillar, usa todas tus habilidades comunicativas e investiga tranquilamente por qué puede estar ocurriendo esto. No tenemos el poder de cambiar a los demás, pero poseemos la capacidad de comprender mejor la situación antes de decidir cuál es realmente la mejor dirección en la que ir.

LA AMISTAD

Si quieres ir deprisa, ve solo. Si quieres llegar más lejos, id juntos.

PROVERBIO AFRICANO

Como bien sabes, los tiempos felices pasan velozmente. Sin embargo, deberíamos apreciar todas las conexiones que hemos establecido y hacer todo lo posible para disfrutar mutuamente de nuestra compañía. Después de todo, un día tendremos que partir, de una manera u otra.

A veces me preocupa que se hayan otorgado unas responsabilidades tan grandes a alguien tan despreocupado y desorganizado como yo. El linaje es demasiado hermoso y pesado como para recaer sobre una persona incapaz. Por tanto, es muy positivo para mí tener tan buenos amigos; estamos ahí para apoyarnos los unos a los otros. Incluso cuando era muy joven había una relación muy especial entre mi amigo el último rimpoché Drukpa Yongdzin y yo. A pesar de que él era muy travieso nunca permitió que yo lo fuera. Siempre me decía: «Si tú haces lo que yo hago, no te veré en esta vida ni en las siguientes». Para mí significaba mucho que él quisiera que nos encontráramos en nuestras próximas vidas y continuáramos apoyándonos el uno al otro. Quería que yo cuidara del linaje para que esto fuera posible. ¡Qué gran amigo!

Nuestros buenos amigos nos dan tanto por medio de su amistad que realmente tenemos que quererlos. Nos ofrecen su apoyo cuando estamos luchando con nuestro dolor y sufrimiento, y los que nos comprenden pueden ayudar a arrojar luz sobre el camino que debemos seguir cuando estamos buscando a tientas en la oscuridad de la indecisión. Los amigos nos ayudan a mantenernos equilibrados y sacan lo mejor de nosotros, lo que contribuye a que nos acerquemos más a nuestra verdadera naturaleza y a nuestra felicidad.

NUESTROS PROFESORES

He llegado a creer que un gran profesor es un gran artista y que hay tan solo unos pocos grandes artistas más. La enseñanza podría ser incluso la más grande de las artes, ya que el medio es la mente y el espíritu humanos.

JOHN STEINBECK

Los buenos profesores que tienen una pasión y un amor por la enseñanza que surge de sus propias experiencias son un regalo para nosotros como individuos y constituyen un beneficio para todos. Podemos respetar las palabras de nuestro profesor o de nuestro mentor y confiar en ellas, y como resultado, nos sentiremos más inspirados a actuar, en vez de cuestionarlo todo constantemente. A algunas personas no les gusta la idea de que pueden necesitar un guía a lo largo de su trayecto y prefieren encontrar su propio camino sin la ayuda de nadie. Pero si recordamos que depende siempre de nosotros elegir nuestra dirección, nos podemos beneficiar de la sabiduría de otros mientras recorremos nuestro camino.

Una vez me preguntaron por qué a la gente le cuesta tanto hacer un cambio para ser más amiga del medioambiente, y pienso que uno de los motivos puede ser que no hay suficientes profesores realmente buenos en esta materia. A causa de esto, pocos de nosotros nos vemos realmente inspirados a establecer una verdadera conexión con la naturaleza y cuidar mejor de ella.

La vida es nuestra maestra

Tenemos que darnos a nosotros mismos el espacio para aprender, para abrirnos y permitirnos escuchar y contemplar las lecciones que la vida nos ofrece cada día por medio de los buenos profesores, pero también por medio de nuestros amigos, seres queridos, colegas, jefes e incluso las personas con las que interactuamos en la calle, así como por medio de la naturaleza, nuestro entorno y nuestra comunidad. La vida es una increíble maestra y aprender es un maravilloso aspecto de la vida.

Estoy muy feliz por ser un estudiante permanente; me gustaría seguir siéndolo durante el resto de mi vida. Cada momento ofrece la oportunidad de aprender algo, pero si no nos damos el espacio para ser estudiantes, nos perderemos muchas cosas. Cada interacción que llevo a cabo —cada conversación o momento de conexión— me hace feliz porque es una oportunidad de aprender. Las sutilezas de la energía que fluye de un lado a otro entre la gente, entre todos los seres y entre nosotros y la naturaleza son increíbles. Dale a esta energía la oportunidad de que fluya por sí misma; es algo hermoso.

¡RECONÉCTATE!

Si puedes desarrollar tu conciencia y empezar a ver cómo te conectas e interaccionas con el mundo que te rodea, también estarás logrando conocerte mejor. En este momento hay una gran desconexión entre cómo la gente se percibe a sí misma, sus intenciones y sus acciones, y las consecuencias de dichas acciones sobre el resto de la gente y sobre el mundo.

Pongamos el medioambiente —una de mis pasiones— como ejemplo: la gente no ve cómo sus actos suponen alguna diferencia, aunque, por supuesto, incluso el cambio más pequeño ayuda. Una persona puede tener la intención de ser más amiga del medioambiente, pero cuando tiene sed compra agua envasada en botellas de plástico sin detenerse a pensar en ello ni por un momento. O tal vez experimenta una pequeña vacilación, pero su motivación para cambiar no es lo suficientemente fuerte y sucumbe ante el primer obstáculo. Si realmente quieres *cambiar tu mente*, ven a Nepal y contempla lo que ha sucedido con nuestros prístinos ríos y glaciares: están llenos de botellas de plástico. Y siente la sonrisa que se dibuja en tu rostro cuando recoges esas botellas y haces que un hermoso río vuelva a estar limpio. Pienso que ocurre lo mismo en todo el mundo: las personas que limpian su playa o su parque siempre parecen felices. Este es solo un ejemplo de por qué es tan importante, para nuestras propias vidas y en aras de nuestro desarrollo, que fomentemos nuestras conexiones con el mundo y la gente que nos rodea. Cuando respetas tu entorno, te respetas a ti mismo.

La felicidad es una reacción en cadena

Cuando comprendemos que todos nuestros pensamientos, palabras y acciones están vinculados en una reacción en cadena, empezamos a apreciar hasta qué punto afectamos, cada uno de nosotros, a las personas y el medioambiente que nos rodea, y, del mismo modo, qué efecto tienen los demás y el medioambiente sobre nosotros. Así pues, ¿queremos afectar a las personas de una forma positiva o negativa? La elección siempre nos corresponde a nosotros; depende de nuestra actitud qué clase de energía —o de karma, como decimos nosotros— queremos darle al mundo.

Las personas se encierran, deseosas siempre de silencio; se aíslan en busca de paz y calma. Pero si no aprendemos a tener paz mental cuando el caos nos rodea, nuestras mentes se verán agitadas con mucha facilidad. Nos enfadaremos con los demás cuando perturben nuestra paz. Nos irritaremos con la más pequeña mosca o con el ruido más insignificante, de modo que nuestras posibilidades de experimentar la paz mental serán cada vez más escuálidas, desde el momento en que habremos puesto demasiadas condiciones a algo que podemos tener en cualquier momento, independientemente de lo que esté sucediendo a nuestro alrededor.

Cuando vivimos solo con nosotros mismos —es decir, si solo vivimos en nuestras propias mentes—, experimentamos una vida que está únicamente en nuestra imaginación, la cual no puede ser moldeada ni cambiada por el momento presente; en cierto sentido, no podemos vivir realmente en el presente a menos que nos permitamos interaccionar con el mundo con todos nuestros sentidos. Si vivimos solo en nuestra imaginación, tenderemos a aferrarnos a nuestra visión del mundo; creeremos que nuestros pensamientos y opiniones son la única verdad y realidad, en vez de constituir la percepción y la interpretación de una persona. Así que cuanto más interaccionamos y establecemos conexiones, más ocasiones tenemos de ver que aunque acaso no todos veamos las cosas exactamente de la misma manera estamos todos en el mismo barco, y todos tenemos la esperanza de hallar la felicidad en nuestras vidas.

Tu felicidad nunca depende de otros

En general, a todos nos gustaría conservar nuestras relaciones tan positivas y amorosas como fuera posible, pero también sabemos que parecen surgir muchos obstáculos que ponen nuestra felicidad en peligro. A veces incluso encontramos difícil continuar con ciertas relaciones. Al principio nos hacemos amigos porque vemos fácilmente nuestros respectivos aspectos positivos y nos sentimos muy afortunados de haber hecho un nuevo amigo. Después, a medida que intimamos, nuestras emociones salen al paso. Esto les ocurre a las parejas, a los amigos y también entre los maestros o gurús y sus estudiantes.

Resulta sorprendente hasta qué punto permitimos que otras personas afecten a nuestra felicidad. Por supuesto, es comprensible que cuando parece que otros nos están hiriendo deliberadamente sintamos nuestra felicidad amenazada. Pero también hay muchas otras ocasiones en la vida en las que caemos presas de la incomprensión —cuando nos enojamos por una situación que podría ser contemplada fácilmente desde otro ángulo—. Creemos que los demás están ahí para darnos disgustos, cuando en realidad solo están preocupados por su propio éxito o felicidad. Pero incluso esto nos molesta y nos hace sentir frustrados: ¿por qué no pueden pensar un poco más en nosotros? ¿Por qué no pueden mostrarse más sensibles ante nuestros sentimientos?

Este tipo de pensamientos nos restringen y limitan nuestro potencial para la felicidad. Acabamos sumidos en un patrón de pensamientos negativos; nos preguntamos por qué los otros no son más sensibles —¿tal vez no nos aman o respetan lo suficiente?— y después nos preguntamos qué hay de malo en nosotros que ha hecho que se comporten de esta manera.

Todo este análisis obstruye nuestro pensamiento: «Solo con que él/ella hubiera [...] yo sería feliz». Pero cuando dependemos de otros para nuestra felicidad, también dependemos de ellos, en cierto sentido, para nuestro sentimiento de valía (nuestra confianza y autoestima). Así que si podemos desarrollar y cultivar una satisfacción que no dependa de las palabras o acciones de los demás, ya no necesitaremos que las personas sean de una determinada manera; seremos como el árbol que se balancea con el viento mientras cuenta con una base firme. Si podemos desarrollar una conexión más fuerte con nuestra propia fuerza y sabiduría, seremos capaces de establecer maravillosas conexiones, libres de condiciones y exigencias, con el mundo y con otras personas.

NO DES LAS RELACIONES POR SENTADAS

Tal como lo veo, uno de los principales obstáculos entre nosotros y nuestra felicidad es que no nos regocijamos los unos en los otros; no nos apreciamos realmente. En otras palabras, empezamos a darnos los unos a los otros por sentados, y cuando eso sucede, la alegría es progresivamente sustituida por molestias y disgustos. Pero si somos capaces de regocijarnos siempre en el otro, esta es una muy buena manera de desarrollar nuestra comprensión; podríamos decir que es un pequeño paso hacia la iluminación y un paso menos por dar hacia el redescubrimiento de nuestra naturaleza.

He tenido la suerte de mantener relaciones positivas con mis gurús, con mis hermanos en el *dharma* y con la mayor parte de mis amigos y estudiantes. Por supuesto, como nada es perfecto, algunas de estas relaciones se vuelven amargas o negativas. Pero me gustaría creer que hago todo lo posible para mantener sinceras el resto de mis relaciones.

Haz todo lo que puedas para alegrarte por todo lo bueno que están haciendo los demás. Alégrate profundamente, con una motivación positiva, con la actitud de que un día seguirás el buen ejemplo de esas personas para llevar a cabo buenas acciones, en vez de pensar: «Ojalá él/ella no lo hiciese tan bien, de manera que yo pudiese ser siempre el mejor». Alegrarse por los demás es la mejor medicina contra la envidia y también tiene un efecto positivo en la confianza en uno mismo. ¿Por qué no intentarlo?

SI UNA RELACIÓN SE HA VUELTO NEGATIVA

Si no puedes lidiar con algunas de las personas que te rodean, tienes que mantenerte lejos de ellas. A la vez, deberías seguir revisándote; deberías examinar si eres una influencia positiva o negativa para los demás. Tienes que ser muy honesto contigo mismo para saber si estás siendo un buen amigo o una buena persona respecto al otro o si se trata de una relación que tiende a sacar lo negativo de uno de vosotros, o de ambos. Cuando no estás siendo el mejor amigo que podrías ser, tu sentimiento de felicidad se verá herido; mirar esto a la cara requiere valor, pero a menudo será beneficioso, de una manera u otra, para todos los implicados.

Pero no uses estas palabras para juzgar a los demás; esto es para recordarte que mires siempre en tu interior, en tu propia mente. ¡La práctica espiritual es para la *autosuperación*!

Piensa en todas las conexiones significativas presentes en tu vida. Aquí hay algunas, pero ¿cuáles son las tuyas?

- Reunirse con amigos para celebrar una comida.
- Cuando confluyan varias voces individuales, conectarlas y formar un coro.
- Coordinarse y trabajar con otros; la felicidad está en el trabajo en equipo.
- Atender a la pareja sin oprimirla con el apego.
- Conectar con un poema, una canción, una obra de arte.
- Conectar con la naturaleza; experimentar las sensaciones que surgen al caminar junto al mar o por el parque en un día de verano.
- Inclinarse para mirar a los ojos de otra persona y ver su sufrimiento.
- Mirar a los ojos de otra persona y ver su alegría.

Valora tus conexiones y desarrolla una conexión contigo mismo basada en la honestidad. Piensa en lo que está pasando en el mundo y también en cualquier situación que estés atravesando personalmente. Puede ser que estés experimentando secretamente todo tipo de altibajos...; pero no guardes este secreto y te escondas de ti mismo: sácalo a la luz y contempla lo que está ocurriendo en tu vida. Permítete mirar más profundamente.

Cuando conectas lo que tienes en el corazón con aquello que haces, empiezas a comprender el significado de tu vida. La conexión es un camino entre tú, el mundo y las personas que te rodean. Es un camino hacia la felicidad.

¡ACUÉRDATE DE ESTABLECER CONEXIONES SIGNIFICATIVAS!

- Recuerda que todo en la vida está conectado. La felicidad es una reacción en cadena.
- No te aísles. Establece más conexiones en tu vida.
- Mira la naturaleza de quienes te rodean y ve su belleza.
- Permite que el amor te lleve de vuelta al presente y recuérdate lo que de verdad importa.
- Aprecia tus amistades y deja que ellas te aprecien.

UN ACTO ALEATORIO DE FELICIDAD

Escribe cartas de amor. Recibir una carta de amor es un maravilloso regalo, pero tal vez es incluso más afortunada la persona que escribe y ofrece su corazón por medio de las palabras. Para escribir una buena carta de amor tienes que pensar cuidadosamente lo que vas a decir. Tienes que escuchar tanto tu propio corazón como el de la otra persona, hasta apreciarla, desde el más pequeño detalle hasta su ser completo.

Permitirnos ocuparnos tan profundamente de la otra persona es una fuente de inspiración, una fuerza motriz para el día a día y para la vida. Nos deleitamos con los detalles: una sonrisa, cómo sus ojos se iluminan con el amor o la risa, una comida que disfrutamos juntos, la taza de té traída a primera hora de la mañana... Recordamos un toque, una mirada, y las pequeñas desavenencias se desvanecen como deben hacerlo, dejando solo el amor en su lugar.

13

Permite que se te rompa el corazón

No puedes protegerte de la tristeza
sin protegerte de la felicidad.

JONATHAN SAFRAN FOER

La felicidad anda de la mano con todas las demás emociones que experimentamos. Si nos permitimos ir a lo profundo de cualquier emoción, estamos un paso más cerca de ser la persona que estamos destinados a ser. Cuando nos levantamos después de que se nos haya roto el corazón, somos un ser humano más hermoso como consecuencia de ello. Es esencial que no ignoremos nuestra tristeza o nuestro dolor. No es necesario que los llevemos como una medalla de honor, puesto que este es el tipo de armadura que evitará que la felicidad entre en nuestros corazones, pero tenemos que reconocer todas nuestras emociones porque es mirándolas primero a la cara como después somos capaces de soltarlas.

CUANDO OCURREN COSAS TRISTES, ABRE LAS CORTINAS

> *Tu alegría es tu tristeza desenmascarada...*
> *Cuanto más profundamente se inscribe la tristeza*
> *en tu ser, más alegría puedes contener.*
>
> KAHLIL GIBRÁN.
> *EL PROFETA*

Cuando nos quitan la alfombra de debajo de los pies y experimentamos el dolor de un difícil descenso por el camino de nuestra vida, podemos elegir si usar esto como una llamada al despertar o si tomar una píldora emocional con el fin de poder dormir y alejar el dolor.

Si elegimos estar con nosotros mismos y nuestras emociones en esos momentos y hacemos todo lo posible para no correr a escondernos, tendremos una oportunidad de despertar. Nunca temas pedir ayuda cuando la necesites, de la misma manera que querrías que alguien por quien te preocupas te pidiera apoyo. Nunca tengas miedo de no poder agarrarte si te caes; solo tienes que confiar y darte la bondad y la compasión que das enseguida a los demás.

El sufrimiento, la tristeza y la aflicción son parte esencial de lo que es ser humano; en cierto sentido, son incluso una parte esencial de la felicidad. Podemos encontrar las lecciones que contienen los desafíos que afrontamos; tal vez podemos descubrir cualidades que desconocíamos en nosotros o decidir mejorar en algo. El sufrimiento y la tristeza nos recuerdan lo preciosa que es la vida y que no deberíamos desaprovechar ni un minuto; forman parte del desarrollo de un profundo aprecio por la vida. Así pues, no tengas nunca miedo de estar triste o de llorar; ten el valor de permitir que se te rompa el corazón, pero después desarrolla la parte de ti que es alegre y amorosa, de modo que nunca te veas atrapado en el sufrimiento.

Lo repito: es cuidando de nuestras mentes como podemos hacer esto. Podemos sentir profunda y plenamente todas las emociones de la vida. Por ejemplo, el espacio que les damos a nuestras mentes por medio de la meditación nos ayuda a ser mejores amigos de nuestras emociones, lo que a veces significa dejarlas que estén.

Solo suelta

La siguiente cita está sacada del blog de Trevor Stockinger y forma parte de un texto titulado *Quemar el incienso por los dos lados*. Es tan fácil quedar atrapado en los *debo* y *debería* que podemos olvidarnos de escuchar nuestro corazón y seguir nuestro propio camino. A veces el acto más valiente de todos puede ser el de soltar:

«Solo suelta» es un tópico espiritual que oímos a menudo. Pero hay sabiduría en esta frase. Estamos proyectando en el mundo nuestras propias expectativas y puntos de vista. Cuando el mundo no se ajusta a nuestra forma de pensar —lo que pasa todo el tiempo—, sufrimos una pérdida. Con frecuencia, sin embargo, no somos capaces de llorar esa pérdida y aceptarla.

Es fácil comprender el duelo cuando fallece un familiar cercano o un amigo. Esperamos que nuestros familiares cercanos y nuestros amigos estén con nosotros durante toda nuestra vida. Teníamos planes con ellos y esperábamos contar con su compañía constante; o bien teníamos conflictos con ellos y esperábamos poder resolverlos en el futuro. Al morir, la realidad echó por tierra todas estas expectativas. Tuvimos que pasar por el proceso del duelo para llegar a aceptar la pérdida. En esos momentos sabemos, en lo más profundo del corazón, que necesitamos soltar y aceptar el cambio. No hay otro camino, porque la muerte es la única certeza que tenemos en la vida.

En un nivel más pequeño, las pérdidas tienen lugar todo el rato. Por ejemplo, recibí un mensaje de texto de mi madre. Expresaba un punto de vista distinto del mío y este hecho me sorprendió, porque esperaba otra respuesta. Enseguida me enfadé. Después me sentí culpable por la ira que había surgido. Finalmente, me relajé y acepté la nueva realidad.

Todas esas emociones surgieron porque estaba llorando una pérdida: la pérdida de la realidad que había creado. Esto ocurre todo el tiempo. Nos gusta pensar que somos distintos del niño que llora cuando su cucurucho de helado se ha caído al suelo, pero en realidad todos sufrimos estas pérdidas regularmente. Lo que ocurre es que hemos desarrollado mecanismos de protección para evitar llorar. Sin embargo, a veces estos mismos mecanismos de protección evitan que podamos pasar por la fase del duelo y soltar completamente. Voy a poner un ejemplo de lo que quiero decir. Durante la última década he trabajado con demandantes exigentes. He tratado de satisfacer sus demandas y de ser el abogado perfecto que esperan. He convertido en habitual la necesidad de acostarme tarde y de dejar de lado mi salud y mi vida social para alcanzar el objetivo de ser un abogado perfecto. Asumí la visión que los demandantes tenían de mí como la mía propia. No me fue difícil hacerlo, puesto que yo mismo ya era un perfeccionista exigente antes de conocerlos.

Hace unos años, después de haber estado trabajando noventa horas semanales durante varios meses, finalmente reconocí que el coste de obtener un «sobresaliente» no merecía ese sufrimiento, y por primera vez me dije a mí mismo que estaba bien obtener un «notable» o un «suficiente».

Desde entonces no he vivido nunca del todo de esta manera. Aún sigo apegado a mi visión de ser un abogado perfecto. No he soltado realmente este ideal con el fin de vivir de un modo más saludable. De modo que surge el conflicto. La ira aparece cuando la nueva manera en la que intento vivir entra en conflicto con la antigua norma perfecta. Entonces me siento culpable por sentirme enfadado. Experimento una confusión de emociones cuando intento hacer el cambio.

El cambio implica pérdida, y necesitamos llorar esa pérdida, incluso si lo que estamos perdiendo era malo para nosotros. Cuando lo hacemos, podemos soltar y seguir adelante.

Es por esto por lo que el camino espiritual puede ser difícil. Perdemos nuestras cómodas referencias. Perdemos nuestros pretextos. Perdemos nuestras presunciones de que la felicidad duradera puede encontrarse mediante la modificación de nuestro mundo externo.

Por otra parte, cuantas más veces lloremos cuando el helado se caiga al suelo, más fuertes nos volveremos. Veremos que sencillamente el mundo es así. Algunas veces conseguimos el helado y otras no. Sea como sea, podemos estar satisfechos. Llegados a este punto, hemos soltado de verdad.

ESTATE PREPARADO

A veces la gente piensa que parezco negativo o pesimista, porque cuando hablo sobre la felicidad digo que tenemos que estar preparados para lo peor y rebajar un poco nuestras expectativas. Esto va en contra del precepto popular de que siempre debemos alcanzar nuestros sueños y ver solo el lado positivo de la vida. Pero mi preocupación es que la enorme presión impuesta por las expectativas y los logros pone un peso enorme sobre los hombros de las personas, de manera que, lejos de ser felices, se vuelven más vulnerables a condiciones mentales como la depresión y la ansiedad. Esto también significa que no estamos preparados para la naturaleza cambiante de la vida: queremos todo lo «bueno», pero nos faltan las herramientas para afrontar lo «malo». Del mismo modo, si nos preparamos para el hecho de que vamos a morir —puesto que esta es la única certeza que tenemos en la vida—, será mucho más probable que saquemos el máximo partido de nuestras vidas y tendremos la mejor oportunidad de destapar nuestra felicidad.

En la filosofía budista decimos que el *samsara* (el sufrimiento) y el nirvana (la dicha apacible) son las dos caras de la misma moneda; ambos existen a la vez. De la misma manera, donde hay oscuridad siempre hay luz. Así que cuando digo que deberías estar preparado para lo peor, esto no quiere decir que debas tener una perspectiva o una actitud negativa; se trata sencillamente de que deberías estar libre de expectativas, flexible y abierto a lo que sea que pueda depararte el día. Una mente libre está preparada para todo, pero también puede llevarte a lugares que tal vez nunca creíste posibles.

CUANDO NUESTRAS HERIDAS NOS ATRAPAN EN EL PASADO

Una vez, la mujer de un hombre rico dio a luz a una hermosa niña a la cual se apegó mucho. Un día la niña murió repentinamente y su madre enfermó de pena. Nadie pudo consolarla, ni su familia ni sus amigos. Intentaron todo lo posible para aliviarla, pero ella no quería separarse del cadáver de su pequeña.

La historia dice que el Buda pasaba por allí mientras esto ocurría. Cuando se enteró de los hechos, quiso tratar de ayudar y la madre le imploró que resucitase a su hija. El Buda le pidió que obtuviese una semilla en particular en alguna casa en la que no hubiese muerto nadie. Ese tipo de semilla era muy común y debería estar presente en cualquier cocina, así que la madre salió pensando que pronto regresaría con ella. Llegó a una casa y preguntó a sus habitantes si tenían una semilla que pudiese llevarle al Buda, de tal manera que él pudiese devolver a su hija a la vida. Le respondieron que por supuesto le darían una semilla, pero cuando quiso comprobar que nadie hubiera muerto en la casa, replicaron que lo sentían mucho, pero que su madre había fallecido un año antes. La madre fue de casa en casa; todas tenían semillas, pero en ninguna le pudieron decir que no hubieran tenido una muerte en la familia. Cuando volvió con las manos vacías, el Buda lloró con ella y le explicó que esta es la naturaleza de la mortalidad humana: dijo que cada uno de nosotros experimentamos la muerte en nuestras familias en algún momento y que, aunque esto sea extremadamente triste y doloroso, nos afecta a todos. Finalmente, la madre comprendió y fue capaz de dejar de «cargar» con el cuerpo de su hija, y, al hacerlo, pudo soltar la carga en su mente y en su corazón.

¿Cómo es posible lograr que las heridas del pasado dejen de bloquear nuestro camino? Es comprensible que quieras protegerte para evitar, aunque sea a nivel subconsciente, volver a sufrir las mismas heridas. Puedes encontrarte con que has levantado un muro alrededor de tu corazón o tu mente —ya sea entre tú y otras personas o entre tú y posibles experiencias y oportunidades—. Te preguntas por qué parece que no encuentras el amor, aunque en tu interior tienes mucho miedo de dejarte amar porque en el pasado perdiste a personas que amabas. Intenta, si puedes, ver tu dolor y tu miedo desde otro punto de vista: si temes tanto volver a perder el amor, eso significa que debe de ser algo muy valioso. Y si para ti es algo de tanto valor, esto muestra cuánta capacidad tienes para amar. Sería sin duda una lástima que les negaras a los demás este hermoso regalo que tienes por ofrecer.

He conocido a muchas personas para las cuales una crisis vital se ha convertido en una oportunidad de recorrer un nuevo camino interesante, a veces emocionante, o ha constituido un recordatorio de lo preciosa que es la vida. En algún momento todos perdemos a nuestras personas más queridas y cercanas, pero podemos elegir ver algo positivo en cualquier situación, por pequeño que sea. Un gran amigo que muere demasiado joven permanece vivo en nuestros corazones, y aunque a veces no tengamos la respuesta a por qué ocurren este tipo de tragedias, podemos sentir que ese amigo nos empuja en los momentos difíciles, que es un gran apoyo.

SALVAR LAS RELACIONES

Tiene lugar mucha felicidad en las relaciones; las interacciones dan lugar a sentimientos de conexión y amor.

Nuestras relaciones nos recuerdan el valor inapreciable de la vida y son una fuente de fortaleza y ánimo.

Pero así como la vida está llena de altibajos, también lo están nuestras relaciones. Un día pueden llenarnos de alegría, pero al día siguiente tiene lugar un gran malentendido y nos sentimos abatidos. Nos importa que nuestros amigos y seres queridos nos vean con buenos ojos, y cuando sentimos que nos miran y no les gusta lo que ven, podemos o bien retirarnos a nuestros caparazones y preocuparnos obsesivamente por cómo nos perciben o bien pasar a la ofensiva y lanzarles algunos dardos verbales.

Recuperar nuestro equilibrio es clave, pero la forma de encontrarlo no es odiarnos a nosotros mismos o intentar vengarnos del otro. Por más que podamos sentirnos heridos por las palabras, las miradas o los actos de alguien, nunca recobraremos nuestro equilibrio o felicidad buscándolos fuera o yendo al otro extremo de vernos atrapados por pensamientos negativos, sobre nosotros mismos o sobre los demás. Recuerda que los malentendidos derivan de las percepciones que las personas tienen unas de otras cuando se ofuscan. Si alguien piensa que somos esto, aquello o lo otro, esto no pasa a convertirse en una especie de verdad eterna sobre nuestra personalidad. Todo en la vida cambia momento a momento, y aunque un día podemos sentirnos muy heridos y disgustados, esto no va a durar, porque nuestras percepciones volverán a cambiar.

Podemos asumir las lecciones que nos brindan estas experiencias sin aferrarnos a ningún sentimiento de acusación o culpa, y podemos ayudarnos a volver a equilibrar nuestras mentes y corazones. Esto podría hacerse por medio de técnicas mentales como la meditación, pero también podrías equilibrar el cuerpo para ayudarte a equilibrar la mente por medio de terapias como el masaje o la reflexología o de ejercicios como el yoga. En mi caso, puedo decir que lo mejor es caminar por la naturaleza.

Si acabamos perdiendo una relación porque la herida entre nosotros y la otra persona es demasiado grande, no deberíamos combatir los sentimientos de tristeza: deberíamos permitir que estos fluyesen en vez de aferrarnos a ellos con demasiada fuerza, porque la vida regresará de nuevo si lo permitimos. Por supuesto, habrá ocasiones en las que los nubarrones ocultarán nuestra felicidad o nuestra paz, y podremos sentirnos muy agitados o incómodos en nuestros cuerpos y mentes. Pero si permitimos que las nubes sigan su curso natural, seremos capaces de regresar a la corriente de nuestras vidas. Es posible que necesitemos tiempo para sentir y comprender nuestros sentimientos o nuestra pérdida, pero no deberíamos vivir con arrepentimientos o con eternos «¿y si...?».

El lado positivo de estas nubes es que cuando nos enfrentamos con la pérdida de alguien o algo, también se nos da la oportunidad de apreciar lo que no se ha perdido. Acerquémonos a esas personas que nos dan amor y apoyo y démosles las gracias por formar parte de nuestras vidas. Podemos dirigir la mirada a nuestros padres, por ejemplo: incluso si nos hemos distanciado con los años o tendemos a luchar con ellos, podemos dar un paso atrás y pensar que probablemente hicieron todo lo que pudieron por nosotros y que aunque tal vez no se ajusten a nuestra idea de lo que son unos padres perfectos aun así podemos estarles agradecidos por nuestras vidas. Los budistas intentamos pensar en cada ser como si fuese nuestra madre porque fue nuestra madre la que nos dio la vida. Y en tiempos de dolor tiene sentido que las personas piensen en sus madres y se acerquen a ellas, ya sea en sus pensamientos o acudiendo a ellas para hablar de algo. En esos tiempos incluso la muestra más pequeña de bondad es como un rayo de sol para nosotros; a veces puede hacer que nuestro dolor sea aún más profundo, pero también arrojará una luz sobre nuestra felicidad.

La vida es difícil de todos modos, así que ¿por qué hacerlo peor? Sé amable y bondadoso con todos. Suelta lo negativo y abraza lo positivo. Haz el cambio ahora. Un día, sin darte cuenta, te habrás convertido en un gran ser, en una buena persona y un buen ser humano.

¡ACUÉRDATE DE PERMITIR QUE SE TE ROMPA EL CORAZÓN!

- Es esencial que no ignores tu tristeza o tu dolor: son tan reales como tu alegría y tu felicidad.
- No tienes siempre que «mantener la calma» en la superficie. Ten el valor de permitir que tus emociones afloren.
- Confía en que tú mismo te levantarás si te caes y en que aquellos que te aman también te ayudarán a levantarte.
- Sé consciente de que si puedes aceptar la muerte, puedes realmente vivir.
- Tómatelo con calma. La felicidad es paciente.

UN ACTO ALEATORIO DE FELICIDAD

Pregunta a alguien a quien ames qué necesita para ser feliz hoy. Si le das a una persona querida algo que le hace falta, incondicionalmente, sin necesitar siquiera que te dé las gracias, tu corazón estará repleto de felicidad: cuando esta persona esté cansada, déjala dormir; cuando esté frustrada, préstale el espacio que tienes en tu propia mente.

14

Dale toda tu atención al día de hoy

*Y así pasa la vida, apresurada hacia la muerte como las nubes
de otoño, como los pasos de un bailarín, como los relámpagos o
como las cascadas: moviéndose y cambiando constantemente
sin detenerse tan siquiera por un pequeño instante.*

Sutra Lalitavistara

Cuando contemplamos la impermanencia de la vida, estamos realmente abiertos y dispuestos a mirar como nunca habíamos mirado antes. Entonces es cuando comprendemos el valor inapreciable de la vida. Como resultado de este tipo de pensamiento, nuestro egoísmo y nuestra arrogancia disminuyen, porque nos arrodillamos ante la verdad de que cualquier cosa puede suceder en el próximo minuto.

Cuando estamos *presentes* en nuestras vidas, experimentamos una nueva clase de libertad. Nuestras preocupaciones sobre lo que podría ir mal se disuelven cuando absorbemos el momento, cuando estamos plenamente atentos al aquí y ahora. Por eso es tan importante que desarrollemos nuestra conciencia, nuestra atención plena, de tal manera que podamos apreciar el *hoy* en vez de tan solo pensar en las posibilidades del mañana o en cómo cambiaríamos las cosas si pudiésemos retroceder en el tiempo.

Todos somos superhéroes

Jonathan ha logrado convertir uno de los grandes percances de su vida en algo que solo le ha «traído cosas positivas»:

Siempre he tenido espíritu de aventura y desde muy temprana edad anhelaba viajar por el mundo y vivir en lugares exóticos. Tenía un deseo profundamente arraigado de nuevas experiencias. Fue este deseo el que me llevó, a los dieciocho años, a África, donde gracias a viajar a once países y conocer la gente más maravillosa me di cuenta de lo afortunado que era, de lo privilegiado que era de tener opciones. En esos tiempos no aprecié plenamente lo que esto significaba; solo veía que en la superficie no todo el mundo parecía tener opciones.

Doce años después me diagnosticaron el sida y de pronto sentí que todas mis opciones —justo aquello que pensaba que era mi pasaporte a la felicidad— me habían sido arrebatadas. Fue esta experiencia de darme cuenta de mi propia mortalidad y aceptarla lo que me permitió realmente comenzar a vivir mi vida, apreciar cada momento y saborear cada encuentro, bueno o malo, y ver la alegría en los detalles más pequeños. Lo que había parecido como una sentencia de muerte se había convertido en un faro de luz que por medio de la aceptación solo ha traído cosas positivas a mi vida. Hay muchas situaciones en la vida que pueden sentirse como ese momento en que escuché que había contraído el sida; es como si el mundo se hubiera acabado, pero después te das cuenta de que no se acabó.

De niño me encantaba la idea de ser un superhéroe que ayudaba a los demás y que tenía poderes especiales. Ahora veo que todos somos superhéroes. Tenemos la capacidad de llevar a cabo elecciones, de cambiar la forma en que miramos, en que sentimos e incluso la manera en que se sienten los demás. No siempre podemos cambiar las circunstancias o el mundo en el que vivimos, pero podemos cambiar el modo en que vivimos en él y crear nuestra propia felicidad.

REGRESAR AL PRESENTE

Una sola lluvia suave hace que la hierba adquiera muchos tonos de verde. De la misma manera, nuestras perspectivas se iluminan bajo la influencia de mejores pensamientos. Si viviéramos siempre en el presente, estaríamos bendecidos: aprovecharíamos todos los accidentes que nos acontecieran, como la hierba que confiesa la influencia del más mínimo rocío que cae sobre ella, y no nos pasaríamos el tiempo lamentando las oportunidades que perdimos en el pasado, lo que nosotros llamamos cumplir con nuestro deber. Perdemos el tiempo en el invierno cuando ya es primavera.

DAVID THOREAU, *WALDEN*

¿Por qué hay tantas personas atrapadas en el pasado en sus mentes? ¿Por qué nos aferramos a los resentimientos o a las viejas heridas, permitiendo que nos detengan o al menos que ocupen un espacio tan valioso en nuestras mentes y corazones?

Hay una historia budista sobre un monje que viaja con un compañero. Llegan a un camino que es casi imposible de cruzar a causa de un deslizamiento de lodo y allí ven a una mujer que no encuentra el modo de seguir avanzando.

El monje se ofrece a cargar con ella para cruzar ese camino, de manera que pueda proseguir con su viaje. Ella se muestra muy agradecida. Pero más tarde el compañero parece muy perturbado, de modo que el monje le pregunta qué le está inquietando. Resulta que el compañero está muy molesto porque su acompañante, por su condición de monje, no habría tenido que cargar con una mujer de esa manera; no había sido algo apropiado. Entonces el monje sonríe a su compañero y le dice:

—Amigo, yo dejé a la mujer hace mucho rato; ¿por qué estás tú todavía cargando con ella?

Tenemos tendencia a cargar en nuestras mentes con muchas cosas que pertenecen al pasado y a las que es innecesario aferrarse. Los pensamientos del pasado y del futuro no son más sólidos que un sueño y aun así, como cuando estamos dormidos y nos hallamos atrapados en nuestros sueños, creemos en esos pensamientos como si fuesen verdades.

En tu infancia, cuando tu presente no era agradable, proyectabas tu mente hacia un futuro más brillante. Ahora que eres adulto, por medio de la meditación y la atención plena puedes entrenar tu mente para que deje de saltar de aquí para allá. Puedes aprender a sentarte y respirar, y una felicidad interna, centrada en el presente, empezará a crecer.

Muchos individuos sienten que tuvieron una infancia infeliz. Si este es tu caso, toma conciencia de que tu infancia ya acabó. Como persona mayor, como adulto que se halla ahora en su propio sendero, tienes que investigar y hacerte esta pregunta: «¿Dónde está la auténtica felicidad?». La verdadera felicidad nace de un estado de calma. Sí, está oculta por cosas «malas» o desatendidas que ocurrieron, pero esas cosas eran superficiales. Es decir, causaron mucha perturbación en la superficie, como las piedras que se lanzan a un lago, pero ahora tienes la ocasión de dejar que el agua vuelva a calmarse y ver bajo la superficie algo que, a pesar de todo, permanece verdadero e inalterado: tu naturaleza y tu felicidad interiores.

Escribe tu propia historia

Si no puedes dejar de lado los resentimientos, es posible que se conviertan en agravios más duros, que sean como un nudo que se encuentra constantemente en tu estómago o en un rincón de tu corazón. Serán como un cáncer incurable. Depende de ti dejar que esto continúe el resto de tu vida u optar por darle la vuelta.

Así pues, tienes la oportunidad, ahora mismo, de olvidar todo eso. Deja que este capítulo se acabe y empieza una nueva página; escribe tu propia historia. La historia de tu vida. Cada mañana, al levantarte, tienes la oportunidad de empezar de nuevo. Eres libre de ser feliz, si quieres serlo. Ahora es el momento. No esperes.

Es muy importante que te des cuenta de que tu felicidad está siempre ahí, dentro de ti. Es tu esencia, y sea lo que sea lo que venga a tu vida y se vaya de ella puedes encontrar la fuerza en tu interior y confiar en ti mismo. Esto es lo que creo que sientes cuando te permites escuchar realmente lo que te está diciendo el corazón. Es por eso por lo que tenemos herramientas —como la meditación— que nos ayudan a escuchar un poco mejor.

Es tu mente la que oculta tu felicidad, de modo que solo puedes vislumbrar ocasionalmente la felicidad profunda, a causa de todas las capas que se han acumulado en el transcurso de tu vida. Algunas de estas capas no se disolverán en un instante, pero si estás dispuesto a intentarlo y mirar más allá de ellas, este es un gran comienzo. Por este motivo vale la pena estimularse a reflexionar y contemplar; es por eso por lo que nos tomamos tiempo para avivar el fuego de nuestras aspiraciones y motivaciones. Algunas personas pueden llamarlo el brillo interno, la paz dentro de uno, pero sea cual sea la forma que la felicidad adopte para ti el primer paso hacia ella es la conciencia, la atención.

CUANDO TU VIDA GOZA DE TU ATENCIÓN, NO ES DIFÍCIL ENCONTRARLE EL SENTIDO

Muchas personas creen que la meditación solo se usa para calmar o apaciguar la mente. Este es ciertamente uno de sus beneficios, pero si este es el único que experimentamos, será difícil que la meditación tenga un efecto positivo a lo largo de la mayor parte del día: cuando no estemos meditando, los efectos pronto se desvanecerán; además, solo asociaremos una mente apaciguada y calmada con la práctica de la meditación, en vez de asociarla con nuestra vida cotidiana.

Es una buena idea pensar en la meditación no solo como una práctica para calmarte, sino también como una manera de ser más consciente de ti mismo. De este modo serás capaz de fusionar la meditación con la vida de cada día, y no considerarás que están separadas. Sé consciente de ti mismo cuando desayunas, sé consciente de tu cuerpo y tus sentidos mientras bebes una taza de té o cuando hablas con un amigo. No te apresures a criticarte o enjuiciarte si no actúas siempre como te gustaría hacerlo; limítate a ser consciente de tus pensamientos, palabras y acciones. Este tipo de conciencia no solo hará más profundas tus conexiones e interacciones con los demás, e incrementará tu aprecio por la vida, sino que también te ayudará a tener más claro el sentido de tu vida. Porque cuando tu vida cuenta con tu atención, no es difícil encontrarle el sentido. La vida está llena de sentido, llena de oportunidades, y si encuentras el sentido de tu vida, es difícil que estés triste o deprimido.

Conducir con atención plena

Carol se vino a vivir a Katmandú y pronto obtuvo una lección en relación con el caos en las carreteras:

> Hace pocos años yo era la típica conductora australiana. Allí las carreteras son anchas y espaciosas pero todo el mundo está impaciente, presto a adelantar a los demás, frustrado por los conductores lentos. ¡Es como que todo el mundo es un conductor terrible, excepto tú! Pero cuando nos jubilamos, mi marido y yo compramos una caravana, y de pronto tuve que convertirme en una conductora distinta. ¡Tenía que ir más despacio, porque la caravana no iría tan rápida! Así que por primera vez me relajé en el asiento del conductor. Dejé de impacientarme y pasé a disfrutar mucho más al volante. Dejé de dedicar tiempo a preocuparme por los conductores que tenía detrás, quienes probablemente se estaban volviendo locos; en vez de eso les mandaba oraciones para que no se sintiesen tan frustrados.
>
> Así que tener la caravana me obligó a ir más despacio, lo que me hizo darme cuenta de que uno posiblemente no puede observar su mente a menos que se calme un poco.

Y luego, hace un par de años, nos mudamos a una ciudad asiática grande y bulliciosa, donde a primera vista la conducción parece una locura, aunque después de un tiempo te das cuenta de que es una forma de caos respetuoso. Sencillamente ocurre que cada conductor siente que está en su derecho de ir desde A hasta B, y allá va. No puedes quedarte ahí esperando que la gente pase, porque estarías así todo el día, pero de cualquier modo cada día en que conduzco es una lección de paciencia.

Un día le di a la parte trasera de un vehículo. Los cuatro carriles de la autopista acababan de convertirse en dos y cada vez que intentaba avanzar un centímetro alguien me adelantaba. Sentía como si fuera a permanecer clavada en esa autopista todo el día y toda la noche, y mis niveles de frustración fueron progresivamente en aumento. Pensaba: «¡Pero si ahora es mi turno!», o «Esto se está volviendo ridículo». Empecé a forzar mi avance, rebosante de impaciencia, e inmediatamente topé con el coche de delante. Solo se agrietó una luz trasera, pero en esta ciudad esto significa esperar a la policía durante horas y negociar con la otra parte para tratar de rebajar la cantidad exorbitante de dinero que pide para pagar una pequeña reparación.

Me alegré de saber defenderme a la hora de evitar ser estafada en cuanto a los gastos de la reparación, pero este accidente fue una gran lección para mí sobre lo importante que es la paciencia, tanto a la hora de conducir como ante cualquier situación difícil. Cuando llegamos a esta ciudad asiática, pasé los primeros seis meses guiada por este gran taxista que es la paciencia; observé todo lo que pude y fui consciente de mis reacciones iniciales frente a cada situación de apuro.

Practiqué para calmar estas reacciones; aún las tenía dentro, pero ya no me sobresaltaba cada vez que un ciclomotor se nos cruzaba en el camino.

ES GRACIAS A LA CONCIENCIA COMO VEMOS TODAS LAS CONEXIONES

¿Podemos ayudarnos a nosotros mismos a ser felices en el momento, o incluso entrenarnos para ello? ¿Podemos aprender a ver la felicidad cuando la tenemos justo delante?

Si quieres ser alguien capaz de vivir más en el momento, no puedes sencillamente agitar una varita mágica y esperar que suceda. Tienes que practicar, porque esto es algo que haces con tu mente; y, como todos sabemos, la mente se vuelve con facilidad como un caballo salvaje si la dejamos totalmente a su aire.

Como monjes y monjas, somos afortunados a este respecto, porque se nos enseña a meditar desde pequeños. Pero no es tan sencillo como sentarse en una montaña y rezar, sin ninguna de las responsabilidades de vivir en el mundo real. Al fin y al cabo, soy responsable de cientos de monasterios, conventos y escuelas en el Himalaya y del bienestar de los monjes, monjas y estudiantes; también soy responsable de muchos proyectos. Pero las prácticas mentales que me han enseñado en el transcurso de muchos años, y que ahora tengo la oportunidad de enseñar a otros, me han permitido entender la inutilidad de la preocupación o el arrepentimiento; he asimilado que incluso aunque hagamos preparativos para el futuro o aprendamos lecciones importantes del pasado, el hoy es lo que realmente cuenta.

Vivir en el momento no significa que abandonemos nuestras responsabilidades; de hecho, nos concentramos mejor en lo que tenemos que hacer para asegurarnos de cumplir bien con dichas responsabilidades, en lugar de perder un tiempo y una energía preciosos en rumiar y analizar excesivamente lo que ha acontecido o de sentir ansiedad por la incertidumbre de lo que está por venir. Cuando nos detenemos demasiado en el pasado o el futuro, salimos del flujo y del ritmo natural de nuestras vidas, y puede ser que nos perdamos las oportunidades del presente.

Pongamos, por ejemplo, que soy una persona que está en la calle con ganas de fumarse un cigarrillo. Quito el envoltorio de plástico del paquete, después extraigo también el pequeño papel que hay en el interior y tiro ambas cosas a la calle, así que puedo seguir adelante con la acción de obtener el cigarrillo. Ni tan siquiera soy consciente de lo que estoy haciendo. Se trata solo de un hábito; es algo que hago sin pensarlo, y, sobre todo, no pienso en las consecuencias de mis actos ni en nada que esté más allá de mi deseo de fumar. Mientras el cigarrillo esté en mi mano, nada más me importa realmente. Y la tragedia está en estas palabras: nada importa. Si no somos conscientes de lo que está sucediendo a nuestro alrededor o en nuestras vidas, ¿cómo puede importar algo?, ¿cómo puede preocuparnos? Incluso algo que parece no ser más que un pequeño acto de tirar basura es muy negativo para el mundo: contribuye a destruir la belleza, la salud y la limpieza de nuestro medioambiente.

Por eso es tan importante que siempre estemos aprendiendo y nos estemos educando, de tal manera que podamos ser un poquito más conscientes de que todas nuestras acciones tienen consecuencias, de que *todo* lo que hacemos importa. Algunas personas pueden decir que la ignorancia es la felicidad y que aquellos que no se preocupan demasiado por los demás o por el mundo son bastante felices en su ignorancia. Pero, para mí, la ignorancia es definitivamente una forma de sufrimiento. ¿Cómo podemos establecer conexiones profundas e interaccionar con el mundo si somos ignorantes y estamos llenos de conceptos erróneos? ¿Cómo podemos cultivar el sentido de nuestra vida? ¿Cómo podemos ser felices?

CUERPO FUERTE, MENTE FELIZ

Cuida bien de tu mente y también de tu cuerpo, de tal manera que uno apoye al otro. Yo empecé a aprender a meditar hacia los ocho años de edad y sé que la meditación ha marcado una gran diferencia en mi vida. Me ayuda a comprender las cosas un poco más claramente y a ser amable con mi propia naturaleza y mis propios pensamientos, de tal manera que experimento una sensación de amplitud que me permite sentirme muy a gusto y feliz. De todos modos, para ser honesto, lo que realmente me ha dado tanta fuerza ha sido poner el amor y la amistad en acción. Durante los últimos diez años, desde que dimos comienzo a los Pad Yatras, hemos estado enseñando a los aldeanos acerca de lo que es biodegradable y lo que, en cambio, va a permanecer durante mucho tiempo en nuestros hermosos ríos y montañas, contaminándolos. Esto es algo minúsculo dentro del gran orden de las cosas, pero significa que soy capaz de poner en acción mi amor por el mundo, lo cual me fortalece extraordinariamente. Así que aunque a menudo es una buena idea que empecemos a conocernos a nosotros mismos sentándonos y contemplándonos, también llegamos a conocernos a nosotros mismos y a cultivar nuestras mentes y nuestra felicidad cuando estamos *haciendo*, cuando realmente nos implicamos con la vida, en vez de implicarnos solo con nuestros pensamientos.

Comprender la diferencia entre el dolor y el sufrimiento

Abril, que se sumó a la peregrinación de la India, descubrió que era capaz de percibir su propio dolor de manera diferente cuando permitía que su mente se asentara y se apresurara menos a emplear las mismas viejas etiquetas que había usado cuando los mismos temas de salud se habían presentado anteriormente:

> Me beneficié mucho de la peregrinación que llevé a cabo con Su Santidad en la India. Los eventos, las enseñanzas y los pensamientos que tuvieron lugar durante esa peregrinación han permanecido grabados desde entonces profundamente en mi memoria y continuarán ahí durante el resto de mi vida. Desde el fondo de mi corazón, doy las gracias a todas y cada una de las personas de la peregrinación por ello.
>
> Las enseñanzas de Su Santidad sobre las apariencias y el vacío dejaron su huella en mí.
>
> He tenido que tratar con mis problemas de salud durante años, y a pesar del hecho de que no amenazan mi vida y de que son, para algunos, triviales, lo he pasado realmente mal. Cuando estas dolencias me asaltaban, todo en mi vida se veía arrastrado por ellas. Me absorbía tanto en el dolor que no me importaba ninguna otra cosa. Esta era la manera en que había estado funcionando durante años.

Tuve que lidiar con esos problemas de salud también durante la peregrinación. Al principio me dejé llevar por ellos otra vez. Pero me acordé de las enseñanzas de Su Santidad relativas a las apariencias. ¿Era mi mente la que había hecho que mi enfermedad se volviera más dolorosa, indeseable e incómoda? ¿Y si pudiera aceptar mejor la situación y tratar mis problemas de salud como apariencias que podía mirar desde puntos de vista alternativos en lugar de reaccionar de la misma manera, con la misma intensidad cada vez?

Fue asombroso, porque por primera vez en mi vida enfermé sintiéndome feliz. Las dolencias llegaron y se fueron, como siempre, pero esta vez pasé por ellas con una sensación de tranquilidad y aceptación. Fue entonces cuando supe que había sentido los increíbles efectos de distinguir las apariencias de las experiencias. Y, honestamente, ¡tengo muchas ganas de continuar con estos «experimentos» durante el resto de mi vida!

Cuando hacemos un esfuerzo para estar fuertes en nuestros cuerpos, esto nos ayuda a ser también fuertes en nuestras mentes. Siempre pienso en el ejemplo del perro pequeño que está continuamente ladrando, intentando parecer grande e importante a pesar de su tamaño, mientras que el perro grande permanece en silencio, porque está lleno de fuerza y no necesita llevar a cabo ninguna demostración al respecto.

De la misma manera, una mente relajada y tranquila es mucho más poderosa que otra que esté zumbando como una abeja atrapada en un frasco. Las emociones como la ira, las palabras agresivas y los actos violentos no son más que falsas demostraciones de fuerza —como los ladridos del perro pequeño—. El auténtico poder proviene de una autoconfianza tranquila, modesta y no arrogante. Entonces tienes una base estable en tu mente, y puedes confiar en ti mismo y dejar de culpar a otros. Eres capaz de asumir la responsabilidad y de comprender que tu mente es como un héroe, y que depende de ti cómo dar buen uso a su fuerza, creatividad y aspiraciones.

Por eso, practicar la concentración es bueno para la mente y el cuerpo. Cuando estás distraído, tus intenciones y acciones a menudo no van a una: tu mente está pensando una cosa pero tu cuerpo está haciendo otra, o estás aquí «en cuerpo pero no con la mente», de modo que puede ser que estés tomando una comida muy agradable mientras estás distraído hablando con tus amigos en Facebook o viendo un partido de fútbol por la televisión.

Por poner un ejemplo sencillo, piensa en cómo podría hacerte reaccionar el cansancio frente a un comentario crítico en el trabajo, en contraste con cómo puedes dejarlo pasar con facilidad si te sientes fuerte y descansado tanto en tu cuerpo como en tu mente.

Es una calle de doble sentido: así como el cuerpo puede condicionar la mente, la mente puede ayudar a controlar los anhelos del cuerpo. Cuando sientes esa ansia por un pastel dulce, lo único que puede interponerse entre tú y el deseo de tu cuerpo es tu mente. Y puedes usar las herramientas mentales de la meditación y la atención para enfriar tu cuerpo cuando experimentas la ardiente sensación de la ira; puedes dar mentalmente un paso atrás y preguntarte: «¿Quiero sentir ira en este momento o prefiero elegir la paz?». De la misma manera, puedes crear sentimientos de calor y energía en tu cuerpo por medio del agradecimiento y de reflexionar sobre lo que te inspira, sobre tus intenciones y motivaciones en ese día.

Tiene sentido

Luisa ve cotidianamente la conexión entre la mente y el cuerpo en su trabajo:

Soy terapeuta por medio del yoga y en los pocos años que llevo investigando esta filosofía he encontrado muchas herramientas que me ayudan a ofrecer un mejor servicio a mis pacientes, además de que me ayudan en mi propio camino. Me he dado cuenta de que nunca paramos de aprender; no hay ningún momento en el que nos podamos permitir la autocomplacencia, ya que es entonces cuando «se cuela» la pereza.

La conexión entre el cuerpo y la mente está muy presente en mi trabajo diario. Cuando me sobreviene alguna dolencia física, siempre me pregunto qué está pasando por mi mente en ese momento. Ocurre lo mismo en el caso de mis pacientes: puede ser que acudan a mí con dolor en la rodilla y que solo quieran un ejercicio para ayudarla a mejorarse, pero la mente está siempre implicada, como un componente del dolor o del proceso de curación.

Para mí ha sido muy importante la comprensión de que trabajando sobre nosotros mismos y autodesarrollándonos beneficiamos a los demás. Yo era arquitecta, lo cual es un trabajo de ensueño para muchos, pero para mí no lo era. Así que dejé una gran carrera y un muy buen sueldo y empecé de cero otra vez, como profesora de yoga y, después, terapeuta. Haz lo que amas; no pierdas ni un minuto.

Esto suena muy de color de rosa, pero también tengo un buen ejemplo que muestra hasta qué punto soy una principiante. Estaba en un retiro, en una gran sala con mujeres de muy distintos países. Nos levantábamos a las cinco para asistir a la *puja* (oraciones) de la mañana y después, tras un día de enseñanzas, la *puja* de la noche a veces se prolongaba durante cuatro o cinco horas. Era agotador. Aun así, algunas de las mujeres de mi habitación permanecían hablando en voz bastante alta durante toda la noche. Para ser honesta, tengo que decir que sentía cómo mi ira iba en aumento con cada hora de sueño perdida. Una noche estuve a punto de estallar, pero fui a dar un paseo para apaciguarme. Al regresar, con la mente un poco más calmada, comprendí lo que estaba ocurriendo: una de las mujeres estaba muy enferma —tenía una infección torácica— y me había despertado por el ruido que hacían sus amigas al tratar de aliviarla por medio de un masaje. Me sentí muy mal por haber fulminado con la mirada a esa pobre mujer, que estaba realmente sufriendo. Al día siguiente la busqué para poder ofrecerle una gran sonrisa.

Muchas personas tienen hoy cada vez una mayor comprensión acerca de cómo la salud —y por tanto la felicidad— de la mente y la del cuerpo están interrelacionadas. Si nos sentimos bien en nuestros cuerpos, nos sentimos un poco mejor en nuestras mentes, y de la misma manera lo contrario es también cierto. Pero tenemos que llevar esta comprensión más allá, porque no creo que muchas personas vean la íntima conexión que hay entre la salud de nuestros cuerpos y la de nuestro medioambiente, la de la naturaleza que nos rodea por todas partes.

Todo se reduce a causas y efectos, de manera que así como nuestras mentes son la principal causa de la felicidad ellas necesitan el apoyo del cuerpo, y este necesita el apoyo de la naturaleza para estar fuerte y saludable.

Podemos usar nuestras mentes para desarrollar la comprensión de que si no cuidamos de nuestro entorno no podemos tener el cuerpo verdaderamente sano, y sin un cuerpo sano e imposible respaldar nuestras mentes y experimentar la felicidad genuina. Así pues, nos conviene que la Madre Tierra esté sana: si los árboles gozan de salud, tendremos oxígeno; si el agua está limpia, nos dará vida.

Está en nuestras manos decidir lo que hacemos, cómo conducir nuestras vidas. Vivir de manera respetuosa con el medioambiente es un paso crucial a la hora de obtener una mejor calidad de vida, y con ello una vida más feliz. Para mí, la persona que mira en su interior para considerar la salud y la felicidad de sus hijos y de las futuras generaciones es una persona auténticamente sabia y verdaderamente feliz.

Esto no es una filosofía profunda; es una manera muy sencilla de mirar las cosas, pero que a menudo se pasa por alto. Si no estamos dispuestos a cambiar de ningún modo nuestro estilo de vida porque estamos preocupados por nuestra comodidad personal, toda la meditación del mundo no nos ayudará a ser más felices. Somos buenos hablando, pero no tan buenos a la hora de poner nuestras ideas en práctica. Y cuando lo hacemos pienso que nos damos cuenta de que es de ahí de donde viene la riqueza; entonces nos sentimos como si tuviéramos una fortuna.

¿ESTÁS «MUY OCUPADO»? TÓMATE UN DESCANSO

Muchas personas se pierden la felicidad no porque nunca la hayan encontrado, sino porque no se han detenido a disfrutarla.

WILLIAM FEATHER

Como tal vez tú, lector, yo también estoy ocupado corriendo de un lado a otro, siempre yendo de un programa al siguiente, luchando por encontrar el tiempo para sentarme en silencio y estar con mi mente. Todo el rato intento recordarme: «Toma tierra. Relájate. Suelta».

De vez en cuando me sustraigo conscientemente del ajetreo y doy un paseo en tren —me encantan los viajes en tren en la India— o andando. Es bueno hacer una pausa de vez en cuando, tomárselo con calma. Estar o no bien depende de nuestro estado mental, y, en mi caso, uno de los mayores secretos para estar bien en este mundo caótico es mantenerme en contacto con la naturaleza. Aunque externamente podamos estar muy ocupados, debemos acordarnos siempre de estar arraigados en el corazón y en la mente.

Estar conectados a tierra —donde sea que nos encontremos— y disfrutar de la madre naturaleza y apreciarla va a dar más sentido a nuestras vidas y nos va a permitir construir una relación más firme y profunda con nuestro entorno y con los seres que nos rodean. Esto también evitará que nuestros egos le exijan más a la naturaleza —mayores exigencias conducen a más desastres naturales, los cuales se están volviendo más frecuentes en estos días.

Es útil que realicemos actividades tales como dar un paseo o salir de nuestro entorno habitual para que nuestros cimientos vuelvan a estar sólidos y en calma. No tenemos por qué estar constantemente zigzagueando de aquí para allá, y no siempre tenemos que hacer una montaña de un grano de arena a la hora de preocuparnos por cómo nos está yendo la vida. Si podemos permitirnos aunque sea un pequeño lapso de tiempo para relajarnos en nuestra naturaleza, podremos ver las cosas con un poco más de claridad y menos dramáticamente. Regresaremos por nosotros mismos al equilibrio y nos daremos cuenta de que no siempre tenemos que estar persiguiendo las ocupaciones de la vida, sino que también podemos saborear la paz del momento.

La naturaleza tiene la manera de hacernos honestos. Cuando, sencillamente, ponemos un pie detrás del otro, parece abrirse un gran espacio y nos reconectamos. Cuando nuestros pies tocan la tierra, la conexión es directa. Comenzamos a apreciar, a ser conscientes y a tener cuidado y nos liberamos de las construcciones y las tonterías habituales que hierven en nuestras cabezas. La madre naturaleza es nuestro refugio, nuestro hogar, y si la tratamos mejor, nos trataremos mejor a nosotros mismos. Así que tal vez ha llegado la hora de que regresemos a ella.

RECRÉATE EN LOS DETALLES

Si no te sientes cómodo en tu estado mental actual, no tienes que permanecer en él. Si te sientes consumido por las ocupaciones y la falta de tiempo, si aún te alteras por emociones y situaciones que tuvieron lugar mucho tiempo atrás en el pasado o por miedos relacionados con cómo podrían ir mal las cosas en el futuro, sé siempre consciente de que existe una vía alternativa, de que puedes ir por un camino más cómodo. Aunque es cierto que tus emociones son tus maestras, no necesitas cargar con todas ellas mientras avanzas por la vida. No es preciso que te aferres a algo que te hizo infeliz en el pasado, porque ¿qué tiene que ver en realidad con el día de hoy? A veces puede requerir valor soltar porque, extrañamente, puedes haberte acostumbrado a tu sufrimiento; puedes haberte familiarizado tanto con él que casi sientes que estarías mentalmente desnudo sin él. Es casi más fácil mantener las barreras mentales en su sitio y sentir que conoces tus límites que abrirte a todo lo que el mundo tiene por ofrecerte.

Cuando eres plenamente consciente de los detalles, sin embargo, adviertes cómo la luz tiñe el cielo en el amanecer y lo bien que sabe el primer sorbo de té por la mañana. Los detalles te abren a la felicidad interior que no necesita grandes gestos o ciertas condiciones para estar ahí. Este tipo de atención plena es otra razón para participar en los Pad Yatras o conseguir tiempo para retirarte, porque cuando estás caminando por el Himalaya, tu mente se hace muy amiga de los detalles; agradece especialmente un cuenco de comida caliente o una esterilla sobre la que dormir por la noche. Estas cosas tan sencillas se convierten en el colmo del lujo.

La felicidad es una jarra de agua caliente

Para Suzette, la simplicidad de las instalaciones que hay para lavarse en el retiro constituyó el recordatorio perfecto para apreciar todo lo que pueda tener hoy en sus manos:

Cuando visito la abadía de Druk Amitabha Mountain, me impresiona la cantidad de esfuerzo que ponen en proporcionarnos agua caliente a los visitantes para que podamos lavarnos. Calientan grandes ollas de agua y nos dan un cubo con una jarra. Como dijo una mujer, si tienes cuidado con el uso del agua, ¡tres personas pueden «ducharse» con la que contiene un solo cubo! Curiosamente, los baños que aprecio más son estas duchas con la jarra, porque soy muy consciente de la procedencia de esa agua. Desde luego, aprecio el primer baño que me doy cuando regreso a casa, ¡estaría mintiendo si dijera lo contrario! Pero la sensación de poder lavarte y calentarte con agua transportada escaleras arriba en cubos es por supuesto una manera de sentirte feliz.

Si puedes, date la oportunidad de percibir los detalles. Levántate un día temprano para ver la salida del sol, siente aprecio por tu familia cuando os sentáis a la mesa para comer. Cuando te vas de vacaciones, en vez de marchar al mismo paso, deja que tu mente descanse de tanto correr; date una oportunidad de contemplar el mundo —y tu vida.

A menudo es más fácil mirar la vida de los demás que la propia, desear el día de otro. Pero de esta manera acabas perdido en los «y si...» en vez de estar presente en tu vida aquí y ahora, que es todo lo que posees. Todas las pequeñas cosas tienen que ser advertidas y apreciadas; ellas son las que hacen que la vida valga la pena. Si no sabemos valorar lo que nos ofrece la vida, esta se convierte en algo superficial, o, como yo digo, es «plástico»: podemos acabar como robots carentes de sentidos, con un hambre siempre insatisfecha. Cuando acercas mucho más la mirada y dejas de otear por encima de la valla, a menudo te das cuenta de cuánta inspiración dispones ya en tu vida para hacer algo a partir de ella. Y, de la misma manera, tu vida podría inspirarte a empezar a hacer un cambio, ya sea concentrarte en algo y fomentarlo o empezar un nuevo capítulo.

¡ACUÉRDATE DE SER FELIZ EN EL DÍA DE HOY!

- Estar presente en tu vida te lleva a regocijarte en los detalles.
- ¡Destapa tu felicidad hoy! No te aferres a sufrimientos pasados o a viejos resentimientos.
- Cuando la vida goza de tu atención, el sentido y el propósito no son difíciles de encontrar.
- Practica la atención plena cada día: saborea cada bocado al comer, conduce con cuidado, escucha atentamente durante las conversaciones, percibe todo lo que te rodea cuando sales a pasear.
- Cuida de tu cuerpo y así cuidarás de tu mente. El ejercicio te hace feliz.
- Deja de estar tan ocupado y concéntrate en lo que realmente importa.

UN ACTO ALEATORIO DE FELICIDAD

Come feliz. Hay un proverbio letón que dice: «Una sonrisa es la mitad de la comida». ¡La comida es tan valiosa! Nos proporciona vida cada día, nos da energía, así que ¿por qué no nos da también felicidad? ¿Hasta qué punto damos la comida por sentada? Hay tantas elecciones a nuestra disposición, tantas delicias a nuestro alcance... Y ¿con qué frecuencia buscamos solo un impacto sensorial momentáneo en los alimentos, en lugar de un sustento profundo? Comer felizmente es comer con atención plena: tomémonos tiempo para escoger alimentos que sean buenos para nuestros cuerpos, para cocinar para los demás y para comer alrededor de una gran mesa, llena de sonrisas y charlas.

Tercera parte

PONER LA FELICIDAD EN ACCIÓN

*Deja que las experiencias tengan lugar con mucha
libertad, de modo que tu corazón abierto sea bañado
con la ternura de la compasión verdadera.*

EL TERCER KYABJE DRUBWANG TSOKNYI RIMPOCHÉ

M i función en esta vida es estimular a las personas a que
nutran y cultiven su felicidad por medio de desarrollar-
se a sí mismas. Se trata de que avancemos realmente a la
hora de extender la felicidad en nuestras relaciones, nuestro
trabajo, nuestras comunidades y al cuidar de la naturaleza.

Soy muy afortunado por ser un estudiante de la filosofía budista y por ayudar a quienes me rodean a poner en
práctica algunas de las experiencias que nos pueden ayudar
a desarrollarnos, así como a desarrollar nuestras conexiones
e interacciones con el mundo y con nuestras vidas. Al fin y al
cabo, los grandes pensamientos y el intelecto solo nos lleva-
rán hasta un cierto punto; son la experiencia y la acción las
que realmente llegan al corazón de las cosas.

Es una idea muy atractiva tener una mente feliz para tener una vida feliz. Pero además de cuidar de nuestras mentes, lo cual es muy importante y es realmente el origen de una vida feliz, tenemos que desarrollar también el arte de *vivir felices*.

La gente está empezando a comprender que si cuida mejor de su mente, esto la ayudará a lo largo del camino de su vida. Las herramientas de la meditación y la atención plena están, por tanto, volviéndose populares. Tras haberlas usado durante muchos años, me siento muy afortunado por haber experimentado los beneficios que producen a la hora de conseguir una mente más pacífica y calmada.

Lo que espero ahora es que las personas den un paso más y pongan la felicidad en acción en sus vidas de manera cotidiana, que añadan al acto de pensar una vida feliz el arte de vivir una vida feliz. La mente y el cuerpo pueden establecer una alianza increíble. Podemos usar el *mindfulness* para llevar nuestra atención al momento presente, para sentir realmente lo que nos están diciendo nuestros cuerpos; y, de la misma manera, podemos usar la acción para retirar la confusión de nuestras mentes. Por ejemplo, el ejercicio físico es un maravilloso tónico para la mente en aras de la felicidad. La contemplación tiene que ser seguida por la acción: necesitamos entrar en el flujo de la vida y no pensar siempre tanto en ella. Si nos tomamos a nosotros mismos tan en serio, podemos acabar evitando dar el salto e ir a por lo que vale la pena.

Si no tenemos cuidado, podemos quedar tan atrapados en cuestionarnos lo que deberíamos hacer o cómo deberíamos hacerlo que acabemos no haciendo nada. Hay tantos detalles y debates en marcha en nuestras mentes que vamos en círculos hasta quedar hechos un lío. De esta manera desperdiciamos nuestro tiempo y energía, porque ninguno de nosotros sabe exactamente cuál será el resultado de nuestras acciones o cuál es, al cien por cien, la mejor manera de abordar algo. Así que aunque se requiera un poco de contemplación y debate, también es buena idea que nos autoestimulemos a ir adelante y emprender la acción, ya sea en relación con nuestras vidas o con algo como cuidar mejor del medioambiente. Si somos capaces de establecer un equilibrio entre cuidar de nuestras mentes e instarnos a actuar, actuaremos bien, y sin arrogancia u orgullo.

La experiencia es la mejor de todas las prácticas. Es la mejor lección. ¿Cómo podemos realmente aprender o comprender sin tener experiencias? Es por eso por lo que siempre animo a la gente a no tener miedo de intentarlo, puesto que si intentas hacerlo lo mejor posible, tendrás una gran experiencia. Es importante tener la motivación y las intenciones correctas, pero muchas personas tienen muy buen corazón y muy buenas intenciones pero luego sienten miedo o se sienten inseguras a la hora de saltar del trampolín y sencillamente actuar. Si hay una oportunidad, agárrala; escucha lo que te está diciendo el corazón. Esos son momentos que deberían hacerte feliz; es solo cuestión de saber lo que está justo delante de ti y apreciarlo, pase lo que pase.

Soy la clase de persona a la que no le gusta que la gente hable mucho para acabar haciendo nada. Puedes pasarte la vida enterrado en tu intelecto, pero es solo a través de la experiencia —a través del *hacer*— como obtienes la verdadera comprensión: conectas con tu vida y haces fructificar todas tus sorprendentes ideas e intenciones. Es posible que tropieces o que transites por un camino lleno de baches, pero ganarás fuerza al ser capaz de levantarte tras haberte caído y encontrarás cosas que nunca creíste posibles bajo esas circunstancias «erróneas». Incluso cuando das un paso muy pequeño de cara a llevar tus pensamientos a la acción, creo que estás haciendo algo muy significativo.

La manera más sencilla en que puedes poner la felicidad en acción es compartir tu bondad y compasión. Da felicidad, y en ese mismo momento te encontrarás sonriendo. Entonces puede ser que te preguntes qué te gustaría darle al mundo ese mismo día, qué podrías hacer enseguida para contribuir a hacer de él un lugar más feliz. No importa lo grande o pequeño que sea el acto; con las suficientes gotas de felicidad se puede llenar un océano.

15

Comparte tu felicidad

Fue solo una sonrisa radiante y costó poco darla,
pero, como la luz de la mañana, disipó la noche
e hizo que mereciese la pena vivir ese día.

F. SCOTT FITZGERALD

No hay nada que le guste más a la felicidad que ser compartida. Una mente feliz es en verdad una mente generosa. Seamos generosos con nuestro tiempo, nuestra bondad, nuestro éxito..., ¡con todo! La mayor parte de los obstáculos que surgen entre nosotros y nuestra felicidad tienen que ver con que nos aferramos demasiado, ya sea a las posesiones materiales —al querer que las cosas de alguna manera permanezcan iguales—, a nuestra estrecha visión del mundo, a nuestras creencias limitantes o a nuestros viejos resentimientos y heridas. Cuanto más podamos soltar estos apegos, a la vez que afirmamos nuestras intenciones en cuanto a quiénes queremos ser y lo que queremos hacer, más flexibles seremos y mejor nos adaptaremos a la vida. Con una mente generosa ampliamos nuestros horizontes y nos abrimos realmente al mundo. Vemos como nunca hemos visto antes.

La felicidad es bondadosa, amorosa y llena de compasión. Hay felicidad en la gratitud y en el dar. Y no pienses que la felicidad es frívola o autoindulgente. Si piensas esto de ella, la estás subestimando, puesto que la felicidad es poderosa: tiene la capacidad de juntar a la gente, de curar, de ayudarnos a hacer grandes cosas con nuestras vidas. Una persona que esté verdaderamente llena de felicidad y alegría de vivir es una persona que tiene una mente amorosa y presta a compartir.

Nosotros, como practicantes espirituales, hablamos mucho de «beneficiar a todos los seres sintientes», lo que significa actuar siempre con el beneficio de los demás en mente. Lamento decir que a veces siento que no ponemos nuestras palabras en acción. Hacemos todo lo que podemos con las herramientas de las que disponemos para compartir ideas y consejos prácticos sobre cómo ayudar a las personas a extender la felicidad, el amor y la compasión en el mundo, y conservar la naturaleza y cuidar unos de otros, pero no sé si hemos hecho un trabajo tan excelente como, por ejemplo, los doctores y científicos de la Organización Mundial de la Salud (OMS) y la Organización Europea para la Investigación Nuclear (conocida como CERN).

Cuando visité la sede de la OMS, me conmovió ver la cantidad de esfuerzo *práctico* que las personas que están allí ponen en su tarea de resolver algunos de los problemas del mundo. Y en el CERN más de doscientos de los más respetados científicos del mundo están trabajando día y noche para hallar soluciones a problemas globales. A pesar del gran esfuerzo que realizan, cuando visité las oficinas del CERN en Ginebra, solo vi sonrisas en los rostros de todas las personas que trabajan ahí. Creo que esto se debe a que tienen muy claro el propósito de su vida y de la labor que están llevando a cabo para los demás. La felicidad acude de una manera natural cuando tu vida beneficia a otros. Esta es una ley natural del universo. Cuando somos capaces de actuar no solo en nuestro propio beneficio, sino también en el de otras personas, tenemos un brillo especial, procedente de nuestro interior.

LA FELICIDAD ES EL DOBLE SI ES COMPARTIDA

Quien sea feliz hará felices a los demás.

ANA FRANK,
DIARIO DE ANA FRANK

Al compartir felicidad hacemos que la nuestra sea más profunda. Compartir es una manera de interactuar y establecer una conexión. De este modo llegamos a conocer mejor nuestra propia naturaleza y así vamos creando y cultivando las condiciones en las que crecerá nuestra felicidad.

Te sorprenderías o incluso asombrarías al ver el impacto que tu felicidad tiene en los demás. Esto es más fácil verlo en las interacciones individuales, cuando ves o sientes una reacción instantánea, como cuando te devuelven una sonrisa, pero toda la energía y las emociones que compartes con el mundo marcan una diferencia.

Así como un problema compartido es medio problema, la felicidad compartida es una felicidad doble. ¡Qué maravilloso es recordarnos que la felicidad crece cuanto más la damos! En realidad todos lo sabemos, pero es fácil que lo olvidemos a medida que transitamos por el accidentado sendero de la vida. Cuando caminas por la ciudad, puedes advertir cuánta gente parece estar mirando siempre hacia abajo, a sus pies o a la pantalla del teléfono móvil. Pero de pronto ves una interacción entre las personas, o tú mismo puedes iniciar una —una broma mientras haces cola para pedir un café, o una sonrisa hacia alguien con quien casi tropiezas— y te das cuenta de lo fácil que es extender la felicidad.

El regalo de la generosidad

Miguel Ángel Cárdenas, periodista peruano, tuvo la suerte de comprender una gran lección durante un retiro con nosotros en Nepal:

Fue durante la decimotercera *kora* (circunvalación) alrededor de la estupa Swayambhunath. Entonces entendí el significado de una peregrinación, cómo la mente se vuelve de forma progresiva más presente y más consciente durante ese viaje, que es un viaje interior.

Cuando estaba haciendo la onceava *kora*, cojeando, sentí que ya no podía más. Yendo cuesta arriba, me caí junto con mi mochila y mi botella de agua; estaba casi muerto de cansancio. En ese momento me giré y allí estaba él, el Gyalwang Drukpa, quien me dio una de sus sonrisas llenas de luz, que me confortó.

Experimenté una tremenda energía. Me levanté como si no sintiera ningún tipo de dolor. Cientos de personas habían empezado a hacer la *kora* y ahora solo permanecían ahí unas cuantas. Me sentí como si estuviera en el cielo, tan bendecido que estaba yendo hacia la iluminación. Pero solo era mi ego haciendo de las suyas.

Recorrí las dos *koras* siguientes en un estado místico. En la última teníamos que subir unos arduos escalones hasta la cumbre de la estupa principal. Tenía un fuerte deseo de ser uno de los pocos que lograran llegar a la cumbre, para sentirme de alguna manera especial.

Cuando di los primeros pasos, vi una monja coreana que se estaba agarrando el pecho. Era mucho mayor que yo y me asombré por la resistencia que había mostrado hasta ese momento. Pero después entró mi egoísmo en escena y pensé: «Que la ayude otro; yo tengo que alcanzar la cumbre con Su Santidad y sentirme liberado». Subí tres escalones y entonces me sentí avergonzado de mí mismo y de mis pensamientos, de modo que volví a bajar y le ofrecí mi brazo para ayudarla.

Mi mente estaba todavía obsesionada con querer llegar a la mágica cumbre. No podía creer que me estuviera ocurriendo eso: hacía escasos minutos se suponía que había sido bendecido y ahora todo estaba siendo arrojado por la borda; tanto esfuerzo para nada. La monja caminaba tan despacio que le llevó cinco minutos subir un escalón. Mi desesperación era enorme. La ayudé, aunque sintiendo cierta ira; mi corazón estaba lleno de nubarrones.

Hasta que de pronto fui consciente de algo. Fue la mayor lección que he recibido nunca en la vida. Tomé conciencia de lo que estaba ocurriendo en mi mente, de las impurezas, del ego y de los nubarrones. Fueron unos segundos sin tiempo por los que estaré por siempre agradecido.

Ese fue uno de los momentos más felices de mi vida, mientras sujetaba el brazo de esa monja con una sonrisa suave. Alcanzamos la cumbre sin tan siquiera pensarlo. Cuando llegamos al último escalón, cómplices en la paz, vimos que él estaba allí. Mi alma sintió deseos de reírle al sol. El Gyalwang Drukpa estaba aún ahí, caminando alrededor de la estupa. ¿Nos estaba esperando?

Fue una experiencia preciosa. Hoy la recordé en el momento preciso, justo cuando más lo necesitaba.

LA GENEROSIDAD ES INCONDICIONAL

La felicidad no compartida apenas puede llamarse felicidad; no tiene sabor.

CHARLOTTE BRONTË

No te sientas nunca posesivo en relación con tu generosidad; de otro modo, tenderá a haber condiciones vinculadas con lo que sea que estés dando. Por ejemplo, puede ser que prestes ayuda a un compañero con un proyecto, pero después creer que te debe un favor. O que le regales flores a tu esposa para que ella se muestre agradable contigo a cambio. Por supuesto, tu mujer puede sentirse muy feliz por recibir las flores. ¿Esto no basta? Porque si ella es feliz, estoy seguro de que tú también te sentirás feliz. La ecuación es sencilla —tú eres feliz, por tanto yo soy feliz—, ¡y creo que funciona muy bien!

Cuanto más podamos practicar la generosidad incondicional, menos apegados estaremos a recibir algo a cambio. Con la generosidad incondicional destapamos una maravillosa fuente de felicidad. ¡No pienses mucho en ello!; tan solo libera tu mente para dar cualquier cosa que el corazón te diga. Da sin la expectativa de recibir. Da simplemente por amor a dar. Como dijo el Buda, «tu sufrimiento es mi sufrimiento y tu felicidad es mi felicidad».

La generosidad perfecta

Katie sintió un momento de reconocimiento durante una enseñanza en un retiro:

Su Santidad habló del dar «mezquino» en una de sus enseñanzas. Es un adjetivo perfecto e inmediatamente agudicé el oído para escuchar con más atención, puesto que sentí una gran ola de reconocimiento en esas palabras. Lo que pretendemos es la *generosidad perfecta*, que es cuando das y realmente no requieres ni esperas nada a cambio. Es dar sin condiciones, y esto incluye que no haya tampoco condiciones emocionales. Reconozco que la mayor parte de mi dar pertenece a la variedad mezquina. Le doy vueltas a la cabeza sin parar intentando dilucidar lo que es equitativo, pero me he apegado tanto a mi sentido de la equidad que en realidad no doy nunca con espíritu libre. Pero me he dado cuenta de que el dar mezquino nunca aportará la felicidad, así que si quiero ser feliz al ser generosa, tengo que practicar.

La primera práctica que hicimos puede sonar rara al principio, pero después comienza a tener sentido: una de tus manos le da algo a la otra. Creo que esto instala el hábito mental de dar tal como es el auténtico dar, sin emociones ni condiciones vinculadas a ello. A continuación practicas dando pequeñas cosas que te puedes costear fácilmente; por ejemplo, ahora tenemos una caja en nuestro pasillo donde introducir calderilla para obras de caridad.

Aún tengo un largo camino por recorrer a la hora de dar más a lo grande, pero soy más consciente de mi mente calculadora y también escucho más mi sabiduría interior. Porque, curiosamente, mi primer instinto acerca de lo que es equitativo, lo que en un primer momento mi corazón se sentiría feliz de dar, es la respuesta a la que finalmente llego tras haber perdido un montón de tiempo y energía yendo en círculos forjando un apego a eso que estaba dispuesta a dar. Así que estoy reconociendo el potencial de la *generosidad perfecta*, y está claro que necesito práctica para aplicar en cualquier situación una generosidad que sea casi perfecta.

DAR ES SOLTAR

Si alguna vez has anhelado comprar algo y finalmente lo has hecho, puedes haberte sentido eufórico en ese momento. Crees que fue ese objeto lo que te aportó ese momento de gran felicidad, pero esa felicidad empezó a desvanecerse casi enseguida. Así pues, tal vez no es el objeto mismo la fuente de tu felicidad, sino la liberación del anhelo de tenerlo. Paradójicamente, en ese momento nos sentimos de pronto menos apegados a él, incluso aunque ya lo poseamos.

Cuando practicas la generosidad, estás practicando la libertad. Hay una alegría que procede del hecho de dar sin condiciones ni expectativas. Incluso hay una sensación de liberación desde el momento en que sueltas el egoísmo; estás menos preocupado por tus propios deseos y eres más consciente de los de los demás. El Buda enseñó que si percibimos que estamos demasiado apegados a algo, nos beneficiaremos de la práctica de desprendernos de ello. Los ejemplos más obvios son el dinero y las posesiones, pero, de la misma manera, podemos considerar todas nuestras opiniones y creencias limitantes. Si estamos preocupados por el hecho de ser tacaños, necesitamos abrazar la generosidad de nuestra verdadera naturaleza. Si, a través de la contemplación y la reflexión suaves, comprendemos que sentimos ansiedad a la hora de confiar, una de las mejores maneras de revelar e incrementar la confianza es darla.

Ofrece respeto

Presta toda tu atención a las personas con las que estás hoy. Escucha y estate dispuesto a considerar distintos puntos de vista en vez de aferrarte al tuyo. Sé generoso con tus buenos deseos y muestra tu aprecio por tus seres queridos de cualquier manera que puedas. Practica la paciencia a lo largo del día. Estos actos de generosidad le darán a tu mente una sensación de ligereza y espacio.

Da sabiduría e inspiración

Tanto si eres profesor como padre, amigo o colega, habrá momentos en los que podrás sencillamente escuchar y otros momentos en los que podrás ofrecer tu sabiduría. Es importante que no permitas que tu ego asuma el mando en estas situaciones, sino que practiques ponerte en los zapatos de las otras personas y las ayudes a ver lo que hay en sus propios corazones. Podrías ofrecer un punto de vista diferente frente a un dilema o una manera fresca de abordar un problema.

SÉ GENEROSO CON TUS PALABRAS

Algo que me hace realmente feliz es ver cómo amigos y estudiantes se llevan bien, cómo la armonía reina entre ellos y cómo se apoyan de verdad por medio de una buena comunicación y de la colaboración desinteresada, realmente desinteresada. Cuando tenemos retiros o programas, concurre gente de muy distintos países y culturas; esto conlleva mucha organización, pero con comprensión mutua y mucha comunicación todas las piezas del puzle se juntan de algún modo para que todos tengan una maravillosa experiencia.

Siempre digo que la comunicación es muy importante. A menos que carezcas de habilidades para ella, te sientas inseguro o tengas algún plan oculto, probablemente estarás más que dispuesto a compartir información en un evento público para el bien de todos los presentes. Si esto no es así, averigua los motivos. Tal vez tienes buenas razones —¿quién sabe?—, pero en la mayor parte de los casos esto tiene que ver con un miedo de origen egoico.

La comunicación es una práctica que promueve las relaciones armoniosas entre la gente. Con una comunicación sensata y no emocional todo va a funcionar muy bien: vamos a poner todo lo que no es agradable sobre la mesa y a arreglarlo sin tomárnoslo de manera personal. Cuando dejamos de estar tan apegados a nuestros egos y a nuestras propias opiniones, podemos ser muy generosos en nuestra comunicación con los demás. No participamos en chismes y estamos libres de despechos. Incluso cuando no estamos de acuerdo podemos expresarlo con respeto y apreciando que el mundo está lleno de muchos otros puntos de vista además del nuestro.

Tómate tiempo para hablar con un amigo o escribir una carta de amor. Intenta no permitir nunca que tus palabras se conviertan en dardos; ofrécelas en cambio como regalos de amor, bondad y felicidad.

SÉ GENEROSO CON TUS ACTOS

> *No dejes que nadie que acuda a ti se vaya*
> *sin sentirse mejor y más feliz.*
>
> **MADRE TERESA**

Practicando el agradecimiento, desarrollando nuestra atención diaria y motivándonos nos damos la oportunidad de llegar a ser más generosos con nuestros pensamientos, palabras y acciones. Puede ser tan sencillo como prestar la suficiente atención como para ver a una persona mayor o embarazada en el tren a la que puedes ofrecer tu asiento. Puedes hacerte más consciente de cómo se están sintiendo tus amigos y tus seres queridos y de si necesitan un hombro en el que apoyarse. Y, progresivamente, tu atención y tu aprecio del entorno que te rodea te pueden estimular a dar algo de tu tiempo o de tus habilidades para ayudar en una obra de caridad o en una causa por la que sientas mucho respeto.

¿Qué te gustaría dar?

¿Estás demasiado apegado a alguno de lo siguiente?

- ➤ Opiniones.
- ➤ Posesiones.
- ➤ Dinero.

Piensa en lo que realmente aporta alegría a tu vida y en lo que ocasiona dolor o sufrimiento a tu mente. ¿Alguna de las cosas anteriores te vuelve ansioso, o hace que te disgustes con otros o que cargues con emociones negativas innecesarias?

¿Cómo puedes aflojar los lazos?

¿Te gustaría que tus opiniones fuesen menos egocéntricas? Desarrolla tu empatía prestándole toda tu atención a alguien mientras le escuchas. Observa tu mente. No necesitas estar pensando en lo próximo que vas a decir; solo tienes que conectar con las palabras del otro.

¿Puedes imaginar la libertad derivada de tener menos posesiones, menos desorden? Tómate un fin de semana para seleccionar algunas de tus posesiones y donarlas para la gente más necesitada.

Si estás apegado al dinero, practica dar pequeñas cantidades regularmente. Piensa en ello como solo dar, sin condiciones.

Una mente generosa es una mente feliz. Así que si sientes que te gustaría desarrollar este aspecto, empieza con algo pequeño, pero empieza hoy. Da solo lo que puedas, pero recuerda que dar tiene que ver con muchas cosas además del dinero: puedes dar amor, bondad, risas e inspiración. Puedes dar felicidad. Hay muy pocas cosas gratuitas en este mundo, pero todas ellas son preciosas e ilimitadas, y somos libres de regalarlas. Cuando cuidas de tu mente, tienes todos estos tesoros por compartir. ¡Eres muy afortunado!

Si puedes aprender a escuchar realmente, a mirar y ver las cosas desde los puntos de vista de los demás y a practicar el arte de ponerte en sus zapatos, la vida se vuelve mucho más sencilla. Si te ocupas de la felicidad de los demás, te estarás ocupando automáticamente de la tuya. Y, del mismo modo, si cuidas de tu mente, de tal manera que puedas ocuparte mejor de la felicidad de los demás y cuidar de este maravilloso lugar en el que vivimos todos, tu propia felicidad crecerá y prosperará sin que tan siquiera tengas que vigilarla o buscarla.

¡ACUÉRDATE DE COMPARTIR TU FELICIDAD!

- Recuerda siempre que no hay nada que le guste más a la felicidad que ser compartida.
- Cuando alineas lo que haces con lo que crees, te conviertes automáticamente en una persona muy generosa; de esa forma, harás una gran contribución al mundo.
- Da incondicionalmente, sin esperar nada a cambio. Tan pronto como pones condiciones a tu generosidad, las pones a tu felicidad.
- Obsérvate y sé consciente de aquello a lo que tiendes a apegarte, tanto si se trata de dinero o posesiones como de personas o algo como querer tener la razón todo el tiempo. Siempre que puedas, da estas cosas desde el fondo de tu corazón.
- No alardees de tu generosidad. Da lo que puedas, sea poco o mucho, y permitirás que tu felicidad brille.

16

¿Podemos hacer del mundo un lugar más feliz?

Si no reflexionamos globalmente acerca de lo que es una buena vida humana, estamos en serios apuros.

Nic Marks

Hoy tenemos el mundo a nuestro alcance, gracias a la tecnología y a la posibilidad de viajar. Y aun así vivimos en un mundo de extremos. Hay una riqueza desmedida para unos pocos y una gran pobreza para muchos. Estamos rodeados por el «progreso», aunque mientras que los países ricos ven un aumento de problemas de salud como la obesidad y la depresión, los países pobres son los más afectados por el hambre y las crisis climáticas. La brecha se está ampliando porque la sensación de desconexión se está haciendo más grande. Tenemos que reconectarnos.

La búsqueda incesante de la felicidad individual ha conseguido que la raza humana en general haya llegado solo hasta aquí, y me gustaría decir que quizá es el momento de una búsqueda alternativa: la búsqueda de una felicidad universal.

Tenemos que hacernos conscientes del hecho de que tal como son las cosas la felicidad de unos pocos está trayendo la infelicidad a muchos. ¿Cómo puede la felicidad de una persona ser profunda y verdadera si arrebata la felicidad a otros, si mientras los ricos se hacen más ricos los pobres se hacen más pobres y el planeta está en grave peligro, lo que afectará a generaciones enteras en el futuro?

Si no empezamos a ayudar al mundo de todas las maneras que nos sea posible, va a desmoronarse, y entonces ¿dónde estará nuestra felicidad?

El Buda dijo que para poner fin a nuestro sufrimiento tenemos que comprenderlo desde las profundidades de nuestros corazones, y es solo recorriendo las calles y mirando nuestro sufrimiento directamente a la cara como tendremos ocasión de comprenderlo. Si después podemos convertir esta comprensión en acción, esto será realmente ir a favor de la vida. La felicidad comienza a crecer de verdad cuando alineamos las necesidades individuales con las universales: si no cuidamos de la felicidad de nuestros vecinos, la nuestra propia también se resentirá. Todo está conectado, y ninguna de las cosas auténticamente valiosas de la vida es egoísta. La búsqueda de la felicidad, entonces, tiene que ser colectiva, en vez de meramente individual. Lo maravilloso es que una vez que comprendemos y asumimos esto, nuestra experiencia de la felicidad también se vuelve más profunda en el ámbito personal. La felicidad colectiva y la individual caminan juntas, agarradas de la mano. Tan pronto como deseas felicidad a otra persona, destapas la tuya.

LA FELICIDAD SOSTENIBLE

Sabemos que la verdadera felicidad permanente no puede existir mientras los otros sufren, y procede solamente de servir a los demás, de vivir en armonía con la naturaleza y de darnos cuenta de nuestra sabiduría innata y de la auténtica y brillante naturaleza de nuestras propias mentes.

NUEVA CONSTITUCIÓN DE BUTÁN (JIGME THINLEY,
PRIMER MINISTRO DE BUTÁN)

La felicidad florece cuando vivimos vidas sostenibles, cuando estamos buscando siempre maneras en las que podemos dar en vez de adquirir. Cuanto más damos, más tenemos, ya sea tiempo, amor, perdón o felicidad. Cuando encontramos aquello que hace cantar a nuestros corazones, queremos compartirlo. Si damos inicio a algo que es bueno para el mundo, aunque sea de la manera más humilde, otros se verán atraídos por nuestros actos.

¿Podemos comenzar a adoptar maneras de vivir que no solo fomenten nuestra propia felicidad sino que también sean buenas para nuestro entorno, pensando en las futuras generaciones? ¿Puede la felicidad ser sostenible, en vez de obtenerse a expensas de los demás o del mundo? Desde mi punto de vista, si observamos nuestras vidas y pensamos en las maneras como podríamos ser más amigables —con la naturaleza, con la otra gente y con nosotros mismos—, no viviremos solamente una gran vida, sino que además será una vida feliz.

Para mí, el ejemplo del medioambiente ilustra muy bien este punto. *Hablamos* de ser amigos del medioambiente, pero en realidad no hacemos un esfuerzo para conectar con la naturaleza. A veces me pregunto lo siguiente: si la naturaleza tuviese una página en Facebook, ¿cuántos seguidores congregaría y cuántos de ellos saldrían y se comunicarían con la naturaleza real?

Amar la naturaleza es salir y entenderla, valorarla y aprender sobre ella. Si no hacemos esta conexión desde nuestros corazones, todo lo demás no es otra cosa que un espectáculo superficial. He conocido a muchos que hablan de «ser amigos del medioambiente» o de «ser ecológicos» pero que ni tan siquiera salen a entender la naturaleza. ¿Cómo vas a hacer amigos si no te conectas con ellos y si no os encontráis? No hay otra solución que conectar y encontrarse.

Lo primero a lo que animo a la gente es a que esté cerca de la naturaleza tanto como pueda, puesto que sin ella no podemos sobrevivir. La naturaleza nos ayuda a cuidar de nuestras mentes, así que es importante que, de manera recíproca y a cambio, hagamos todo lo que esté en nuestras manos para ayudarla. Nuestro medioambiente nos proporciona el aire que respiramos, la comida que ingerimos y nuestras viviendas. Cuando nos sumergimos en la naturaleza, sea cual sea la manera en la que podamos hacerlo, establecemos la conexión con ella tanto por medio de nuestras mentes como por medio de nuestros sentidos; entonces empezamos a comprender realmente lo interdependiente que es todo y cómo es solo gracias a la amistad, tanto con la naturaleza como con los demás, como podemos ser felices.

Si cada uno de nosotros no pone su pequeño grano de arena cuidando unos de otros y de velar por la naturaleza —la cual hace tanto para protegernos a nosotros—, ¿cómo podemos ser verdaderamente felices? Cada aportación individual se añade al esfuerzo colectivo; sin lo primero es imposible tener lo segundo, y es por eso por lo que creo tan firmemente que cada uno de nosotros puede marcar una diferencia. Con este fin a veces necesitamos recordarnos el panorama global, mientras que en otras ocasiones tenemos que acordarnos de mirar dentro y alimentar nuestra propia sabiduría y naturaleza interior. Todo es cuestión de equilibrio y de comprender la relación entre nosotros como individuos y el mundo.

Recoge basura por el camino

Es interesante que el doctor Mark Williams hable de que la gente tiene un mapa pero no anda su camino, como mencioné en el capítulo 4, porque, para mí, la mejor manera de traer claridad a la mente —de limpiarla de todas las tonterías que de una manera natural se acumulan con el tiempo— es sumarse al Pad Yatra que hacemos cada año. Esto es así porque el Pad Yatra se lleva a cabo con una motivación beneficiosa: normalmente es significativo desde el punto de vista medioambiental —por ejemplo, hemos caminado durante un mes por el Himalaya recogiendo basura y transmitiendo a los aldeanos el mensaje de que el plástico no se degrada— y también implica privaciones externas, físicas. Al embarcarnos en estos Pad Yatras dejamos atrás cualquier sentido de la comodidad o del lujo modernos; algunos participantes incluso llegan al punto de sentir que no pueden continuar. Pero he visto muy a menudo que, llegados a este punto, experimentan una transformación: la persona deja por fin de preocuparse por cómo va a alcanzar la cumbre de la montaña y, en cambio, se concentra en todos y cada uno de sus pasos. Este es el momento en que advierte la belleza de las montañas y la belleza de la razón por la que está allí. Carrie describió este momento como de pura felicidad:

> Nunca olvidaré el Pad Yatra en el que participé en Ladakh. Su Santidad y sus monjas del Himalaya estaban muy en forma y parecía que subieran por las empinadas laderas corriendo, mientras que la mayor parte de los extranjeros luchábamos cada día para no desfallecer. No podía dejar de quejarme: hacía mucho frío, la comida no era nada a lo que estuviera habituada y me sentía muy mal en esas alturas. Cada día me bastaba con ver la cima del siguiente puerto de montaña para que me entraran ganas de echarme a llorar. De hecho, en algunas ocasiones lloré, y me pregunté por qué demonios había decidido sumarme a ese viaje a través de uno de los terrenos más duros del mundo. Hasta que un día pensé que debería dejarlo correr y pedir que me acompañaran de regreso. Todo lo que podía hacer era concentrarme en poner un pie delante del otro, paso a paso. Progresivamente fui entrando en un ritmo y mis quejas habituales, así como mis dolores y molestias, se hicieron a un lado en mi mente a medida que daba un paso, y después otro. Estaba total y absolutamente en el momento presente; no me quedaba energía para nada más. Sé que tuve que caerme literalmente de rodillas para adquirir esta comprensión, pero fue la lección más grande que he tenido en la vida. Durante todo ese día anduve con una amplia sonrisa en la cara. Dejé de preocuparme por lo lejos que debíamos llegar ese día y empecé a mirar verdaderamente a mi alrededor y a disfrutar de la impresionante belleza del paisaje. Comprendí más profundamente por qué es tan importante para nosotros hacer todo

lo que podamos para cuidar este mundo. Estaba congelada y exhausta, pero feliz.

Comprendo que no todo el mundo puede acudir a nuestros Pad Yatras, pero en otros países, de distintas maneras, tienen lugar peregrinaciones de este estilo. Por ejemplo, en Londres hay mujeres que llevan a cabo una noche de verano, bajo la luz de la luna, una caminata con el fin de recabar fondos para la investigación sobre el cáncer de mama. ¡Esto es un Pad Yatra! También se organizan limpiezas de playas y ríos, en las que familias enteras pasan juntas la mañana mientras ayudan a conservar su entorno limpio y hermoso. Así que, si puedes, encuentra tu propio Pad Yatra: será el mejor ejercicio que le puedas proporcionar a tu mente.

TOMA LA FELICIDAD EN TUS MANOS

Hay una frase budista que significa «tomar en nuestras manos», que indica emprender la acción o poner en práctica. Nuestros pensamientos y nuestros actos deben trabajar juntos, como las alas de un pájaro: si tenemos una pero no la otra, nunca seremos capaces de volar. No son solo nuestras aspiraciones las que alimentan nuestros actos sino que son también nuestros actos los que alimentan nuestras aspiraciones; se ayudan mutuamente. Cuando te das cuenta de lo unidas que pueden estar ambas cosas, esto es motivo de gran felicidad.

Sé que algunas personas se sentirán atrapadas en la parte mental de la ecuación y tendrán que luchar con la parte del hacer, pero a medida que desarrollamos la autoconciencia podemos reconocer en nuestros corazones cuándo estamos pensando demasiado, de modo que necesitamos hacer una respiración profunda y tirar hacia delante; podemos reconocer cuándo tenemos que decirnos a nosotros mismos «voy a hacerlo» y dar el primer paso.

Si a veces te sientes atrapado en la ansiedad porque tienes tanto por hacer que no sabes por dónde empezar, te animo a que practiques tu conciencia de estar en el momento. Si te sientes agobiado, será muy difícil que disfrutes de tus tareas del día, así que concédete algunos minutos para calmar tu mente de la manera que te resulte más efectiva: concéntrate en la respiración, sal a pasear para sentir la tranquilizadora presencia de la naturaleza o haz lo que quiera que aquiete tu mente.

Perdemos demasiado tiempo, incluso cuando pensamos que no tenemos mucho. He descubierto hace poco que en muchos países cuando una persona muere, lo único que consta en su lápida es su nombre, su fecha de nacimiento y la fecha en que murió. Entre una fecha y otra todo lo que hay es un guion. ¡Toda su vida se resume en un guion! (-). Esto me recordó qué corta es la vida y lo importante que es estar todo lo despiertos posible cada día, sin preocuparnos por ser recordados —porque al final todos nosotros somos un guion, realmente.

¡TIENES TANTO QUE OFRECER!

Si piensas que eres demasiado pequeño para marcar una diferencia, intenta dormir con un mosquito.

Su santidad el Dalái Lama

Si sientes que no tienes el tiempo del que te gustaría disponer para prestarle un poco de atención al mundo, o que necesitas llegar a algún otro lugar en la vida antes de tener la oportunidad de ser realmente feliz, te animaría a que echases un vistazo a lo que ya tienes entre tus manos. ¡Tienes ya tanto por ofrecer a los demás y al mundo!, todo lo que precisas para incorporar la felicidad en tu trabajo y en todos tus actos, porque todo lo que necesitas lo albergas en tu interior. La felicidad es la totalidad de la vida, no solo lo que pensamos que son las cosas buenas. Tenemos que percibir la totalidad y comprender cómo afecta a nuestras vidas. Tenemos que autoeducarnos en lo importante que es aliviar el sufrimiento, en vez de ir por la vida ignorándolo, fingiendo no verlo. Si no conoces el sufrimiento, no puedes conocer la felicidad.

Cuando regresemos a la esencia y empecemos a valorar y respetar realmente nuestras vidas, sabremos cómo usarlas de una manera que sea fructífera. Cuando somos verdaderamente honestos con nosotros mismos, sabemos que la vida puede acabarse en cualquier momento, y aun así a menudo perdemos mucho tiempo en sufrimientos mentales, sin saber qué camino tomar. Cuanto más podemos liberar nuestras mentes de las limitaciones que les imponen las etiquetas y las creencias, los miedos, la falta de confianza y las expectativas excesivas —todo aquello que crea una sensación de apego o de sentirse inseguro sobre lo que hacer o quién ser—, más comprendemos verdaderamente qué regalo supone tener esta vida y cómo podemos salir ahí fuera y sacar el máximo provecho de ella. Comenzamos a conocernos a nosotros mismos y a saber cuál es nuestro propósito; nos sentimos cómodos y confiados en nuestra propia piel. Ahora mismo estás en una muy buena posición. Esta es tu oportunidad; ahora es el momento.

¿CÓMO VAS A INTERVENIR HOY PARA HACER DEL MUNDO UN LUGAR MÁS FELIZ?

El hombre que supera sus malas acciones por medio de las buenas acciones ilumina el mundo como la luna cuando surge de detrás de las nubes.

EL DHAMMAPADA

Usemos el presente para vivir la vida felizmente y al máximo. Siempre digo que nuestra felicidad solo será completa cuando la compartamos, así que en todo momento deberíamos estimularnos los unos a los otros a participar en actos positivos y a mantener nuestros cuerpos, palabras y mentes en el presente. Deberíamos vivir con atención plena.

Puede llegarse a una gran felicidad a partir de los comienzos más modestos. Ponemos muchas cosas en suspenso en nuestras vidas —«Empezaré con este proyecto mañana», «Estoy casi listo, pero no del todo», «He tenido la intención de hacerlo»— y después, sea lo que sea lo que estamos aplazando, parece que se vuelve más y más grande por sí mismo, de manera que se hace más duro o complicado emprenderlo. Pero todo en la vida comienza con un primer paso. Si lo das, estás en tu propio camino. ¿Cuál es el primer paso que puedes dar, hoy?

No esperes a que los otros te amen. ¿Por qué no extiendes tu amor primero? Ama sin condiciones, sin expectativas. Vive la vida que quieres vivir y sé fiel a ti mismo y a tus valores. Sé siempre consciente de lo bueno y generoso que eres. No necesitas tomarte a ti mismo demasiado en serio. No necesitas estar demasiado apegado a tus emociones o posesiones. Allí adonde vas tu mente va contigo, así que cultiva el tesoro que es tu mente. Esta es la verdadera riqueza. Acércate a la naturaleza y cuida de ella, y ella cuidará de ti. Permite que tu felicidad brille a través de ti, de tal manera que pueda tocar a otros. ¿No es hermosa la vida?

Tómatelo con calma. Sé libre.

Vive con todo tu corazón. Sé un guerrero de la felicidad y la alegría.

Como dijo el Buda:

Cuando te des cuenta de lo perfecto que es todo,
echarás tu cabeza hacia atrás y reirás al cielo.

Índice